JN445314

인재형성과 기술혁신

해방, 전쟁, 재건의 한국경제

선재원 지음

도서출판 해남

선재원
평택대학교 국제지역학부에서 2002년부터 가르치고 연구해 왔으며, 2017년부터 사학혁신 교육운동에도 참여하고 있다. 학생들의 잠재능력과 합의경험을 키우는 토론수업 방식을 고수하며 개선해 왔고, 노사관계의 역사를 노동자의 능력에 대한 평가의 역사로 재해석하는 연구를 진행하고 있다. 최근에는 헌법으로 합의된 교육기회 균등 추구의 권리(31조)를 대학생에게 적용시키기 위해 사학혁신 교육운동을 전개하고 있다.

[학력 · 경력]
1986 서울시립대 경상대학 무역학과 졸업
1993 일본 동경대 경제학연구과 석사
1996 일본 동경대 경제학연구과 박사
1996~1999 일본 동경대 경제학연구과 · 경제학부 조수(文部教官)
2000~2002 미국 하버드대 방문학자(라이샤워일본연구소 · 경제학부)

[저서]
『近代朝鮮の雇用システムと日本: 制度の移植と生成』(東京大學出版會, 2006)
『사회적 합의의 역사적 교훈: 일본의 구조조정과 노사정관계, 1890-1990』(해남, 2015)

[편저]
『韓國經濟發展への經路: 解放 · 戰爭 · 復興』(日本經濟評論社, 2013)
『韓國經濟發展の始動』(日本經濟評論社, 2018)

[공저]
『復興期の日本經濟』(東京大學出版會, 2002)
『高度成長始動期の日本經濟』(日本經濟評論社, 2010)
『高度成長展開期の日本經濟』(日本經濟評論社, 2012)
『일본의 기업과 경영』(한국방송대학교출판문화원, 2012)

https://jaewonsun.wordpress.com/

인재형성과 기술혁신
해방, 전쟁, 재건의 한국경제

초판1쇄 인쇄 2022년 4월 20일
초판1쇄 발행 2022년 4월 30일

저　자 선재원
발행인 노현철
발행처 도서출판 해남

출판등록 1995. 5. 10 제 1-1885호
주　　소 서울특별시 마포구 마포대로8길 9 영명빌딩 405호
전　　화 739-4822 **팩스** 720-4823
이 메 일 haenamin30@naver.com
홈페이지 www.hpub.co.kr

ISBN 978-89-6238-166-5 93320

ⓒ 2022 선재원

저자와 협의하에 인지 생략

이 저서는 2017년 정부(교육부)의 재원으로 한국연구재단의 지원을 받아 수행된 연구임
(NRF - 2017S1A6A4A01022009)

머리말

이 책은 12년 반의 해외 학업과 연구생활을 마치고 귀국한 2002년부터 시작되었다.

박사학위논문으로 정리된 나의 첫 연구는 고도경제성장을 실현하였으나 사회적 합의 없는 불안정한 한국 노사관계의 역사적 전제로써 일제 시대 노동 문제를 일본과 비교하여 분석하였다. 이 연구는 동경대학 학술연구성과간행 조성기금 지원을 받아 일본어로 간행되었고(『近代朝鮮の雇用システムと日本: 制度の移植と生成』, 東京大學出版會, 2006), 노사관계의 역사를 노동자의 능력에 대한 평가의 역사로 새해석하고 추가 연구를 포함하여 한국어 책 간행을 준비하고 있다. 나의 두 번째 연구는 박사학위 과정을 마치고 시작한 구조조정의 역사적 경과 분석을 통한 근현대 일본 노사관계였다. 한국과 비교해 안정적인 노사관계였지만, 그것을 뒷받침한 협조적인 관계 속에 일본 사회 운영 기저를 반영하는 숨겨진 긴장된 상태가 내재하고 있다는 점을 강조하였다. 이 연구는 한국연구재단 저술출판지원사업 지원을 받아 한국어로 출판되었다(『사회적 합의의 역사적 교훈: 일본의 구조조정과 노사정관계, 1890-1990』, 해남, 2015).

이 책은 일제 시대와 현시대를 잇는 재건기의 한국 노동 문제에 관한 연구이다. 이 연구는 해방 이후 기술공백을 메운 재건기의 인재형성 실태는 어떠하였고, 기술과 숙련이라는 능력을 가진 노동자가 그 과정에서 어떻게 기여하였는가에 대한 호기심으로 시작되었다. 따라서 이 책에서 나는 해방, 전쟁, 재건 과정에서 어떻게 기술인재가 형성되었고 기술혁신에 어떻게 기여하였는가에 대해 분석하였으며, 재건기의 인재형성과 기술혁신의 현재적 의미에 대해 장기적 관점에서 의견을 제시하였다. 이 책도 한국연구재단 저술출판지원사업의 지원을 받아 간행된다.

이 책의 출간은 귀국한 이래 20년 동안 참석할 수 있었던 산업사연구회의 연구 동지들의 도움이 있어 가능하였다. 20여 년 동안 매월 열렸고 장기간 간사도 맡았던 이 연구회는 형식에 구애받지 않고 기탄없는 비판을 허용하였으며, 뒤풀이에서는 가족같이 화기애애하게 이야기를 나누었다. 한국, 일본, 미국 근현대 경제사 연구 전문가인 김두얼, 김양태, 류상윤, 박섭, 박현, 이명휘, 이상철, 이은희, 이정은, 이종현, 임동민, 정진성, 조성원, 최상오, 최우영 연구 동지들의 발표와 비판을 들으며 연구를 발전시킬 수 있었다. 특히 여인만, 서문석, 배석만 연구 동지는 나의 연구만이 아니라 사학혁신 교육운동에 대해서도 아낌없이 지원해 주었다.

이 책의 출판지원이 결정된 2017년부터 계획에 없었던 사학혁신 교육운동을 시작하게 되었다. 집과 연구실을 오가며 연구와 교육에 안주하였던 삼식이가 외면하였던 사학운영의 부조리에 눈뜨게 되었던 것이다. 작년 2021년 8월에 해직당하였고 올해 2월에 복직하였다. 이 복직은 사학비리에 맞선 해직 교수들이 치욕적인 불명예를 안고 복직하지 못하거나 복직하더라도 장기간 걸리는 현실을 감안하면 쾌거이다.

이 쾌거는 많은 분들의 헌신적인 도움 없이는 불가능하였다. 한국 노동인권 회복운동의 역사로 기억될 금속노조 쌍용자동차지부의 김득중, 김수경 동지는 학교 앞 1인 시위를 솔선수범하여 지원하였다. 지역의 약자를 위해 변함없는 시민활동을 전개해 온 이은우 평택시민재단 이사장님은 2017년부터 사학혁신을 지원하였다. 대학 1학년 때 하였던 나와의 약속을 해직당하였을 때에도 지켰던 강한성과 친구들, 중학교 때부터 신앙의 동지로 든든한 버팀목으로 지원해 주는 김영훈과 영우회, 차별금지법 제정에 헌신하고 민중신학의 발전에 매진하는 최형묵 목사님과 교회를 교회답게 만들려고 냉혹할 정도로 교회 운영에 엄격한 박종국 장로님과 나의 영원한 안식처를 마련해 주는 천안살림교회 교우, 민주적이고 평등한 사회를 위해 그리고 헌법으로 합의된 교육기회 균등의 권리 실현과 교권을 위해 헌신하고 있는 민교협(민주평등사회를 위한 전국교수연구자협의회) 회원과 전국교수노동조합 조합원, '선재원 교수 보복해직 철회와 평택대 민주화를 위한 공동투쟁위원회'에 직간접으로 참여하여 1인 시위 등을 통해 복직을 앞당겨 준 평택 시민단체 및 노동단체 회원, 전국에서 달려온 교수 동지들, 본서의 교정까지 도와준 이창언 교수 동지께 진심을 다하여 감사드린다. 마지막으로 사학혁신 교육운동을 응원하며 책 간행도 독려해 주신 도서출판 해남의 노현철 사장님과 맛지게 편집해 주신 심태임 실장님, 20년 동안 헌신적으로 연구를 지원해 주신 장민숙 계장님을 비롯한 평택대 중앙도서관 선생님들께도 감사드린다.

나의 아내 박은경은 삼식이 때에도, 1인 시위를 나갈 때에도 응원을 아끼지 않았으며, 연구와 교육운동의 여러 주제에 대해 날카로운 지적으로 도움을 주었다. 호기심 많고 운동을 좋아하는, 이제는 훌쩍 커버린 선진원, 선진건 두 아들의 진심 어린 응원은 늘 큰 힘이 된다. 이 책이 항상 미안한 학생들에게 한국 노동 문제를 긴 안목으로 이해할 수 있는 계기가 되면 무엇보다도 기쁘겠다.

2022년 4월 13일

선재원

Guide for English-Speaking Users

to

HUMAN RESOURCES FORMATION AND TECHNOLOGICAL INNOVATION: LIBERATION, WAR, AND RECONSTRUCTION OF KOREAN ECONOMY

by

Jae Won Sun

This is the third book of mine. The first book of mine analyzed labor problems in the Japanese colonial period as a historical premise of unstable labor-management relations without social consensus despite high economic growth(*Modern Korea's Employment System and Japan: Transplantation and the Evolution into Institutions*, The Tokyo University Press, 2006). The revised edition of my first book is being prepared: The history of labor-management relations is reinterpreted as a history of evaluating worker's abilities.

The second book of mine was in terms of modern and contemporary labor-management relations in Japan through historical progress analysis of the restructuring. Although the labor-management relations in Japan was a stable labor-management relationship compared to Korea, there is a hidden tension in as called the cooperative relationship(*Historical Precept of Social Concertation: Restructuring and Tripartite Relations in Japan, 1890-1990*, Haenam, 2015).

This book is a study on labor issues in Korea during the reconstruction period that connects the Japanese colonial period and the present era. This book analyzed the human resources formation in the reconstruction period that filled the technological gap after liberation. And it suggested the current meaning of contribution and compensation of workers as a talented human in the reconstruction period in a long-term perspectives.

차례

제2부 | 한국경제 재건기(1945~1970) 노동자의 기여: 인재형성과 기술혁신

[도표목차]

CONTENTS

서장

1. 본서의 목적과 의의

본서의 목적은 한국 경제발전의 역사적 전제인 재건기 인재형성과 기술혁신을 분석하고, 노동자의 기여와 보상에 대한 의미를 고찰하는 것이다.

인류 경제생활의 분기점은 맬서스의 덫을 해소한 산업혁명에 의해 만들어졌다는 주장이 있다. 이는 1870~1913년에 전 세계 1인당 연평균 GDP 성장률(연평균 복리성장률, annual average compound growth rates)이 1.30%에 도달해 이전 시기보다 크게 높아진 것으로도 뒷받침된다.[1] 이러한 경제성장의 전환에 기여한 지역은 러시아를 제외한 유럽, 북미와 남미, 그리고 일본이었다. 세계 경제성장은 세계 경제질서의 대전환을 겪었던 1913~1950년 시기에 둔화되었다. 그러나 1950년 이후 제1차 석유파동이 발생한 1973년까지 1인당 GDP 성장률은 2.92%로, 클라크(Clark)의 연구에 따르면 유사 이래 최고의 성장률을 달성하였다.[2] 이 성장률 상승에 기여한 지역은 러시아(구소련)를 포함한 유럽과 일본이다. 미국의 성장률은 통계결과치가 서구 기타 지역에 포함되어 확인할 수 없지만 기여를 예상할 수 있다.

1870~1913년에 아시아와 아프리카의 1인당 GDP 성장률이 세계 평균의 각각 32%와 44%에 머무른 것에 반해, 1950~1973년에 아시아는 세계 평균과 같은 수준이 되고 아프리카도 68% 수준까지 상승하였다는 점을 주목해야 한다. 아시아의 경제발전은 1973~2001년에도 계속되었다. 아시아는 생산성 향상을 실현시켰기에 유럽과 미국을 따라잡을 수 있었다. 즉, 아시아의 1960~1995년 제조업 종업원 1인당 연평균 생산액 성장률은 중국 7.7%, 말레이시아 5.6%, 대만

1 Maddison(2003: 263).
2 Clark(2007).

4.5%, 한국 7.8%로, 일본의 6.1%를 제외하면 미국 3.5%, 영국 3.1%, 프랑스 3.8%, 독일 3.2%의 각 선진국의 수치를 웃돌았다. 특히, 1960년대 제조업 생산액 연평균 성장률은 말레이시아 10.9%, 대만 15.0%, 한국 17.7%로 일본의 15.2%를 제외하면 미국 4.2%, 영국 2.9%, 프랑스 6.9%, 독일 7.7%의 각 선진국의 수치를 큰 폭으로 웃돌았다.

해방 후 한국경제는 시장경제와 안정적인 대외관계의 회복, 원활한 자본이동과 기술이전이라는 새로운 환경에 적응하면서 경제발전을 준비하였다. 제2차 세계대전 후인 1950년부터 제1차 석유파동에 이르는 1973년까지 세계 1인당 GDP 성장률은 2.92%로 영국 산업혁명의 파급 효과가 세계에 보급된 1870년부터 1913년까지 1.30%의 2배 이상이었다. 1950년부터 1973년까지 일본의 GDP 성장률은 8.06%로 눈부셨지만 다른 모든 지역도 제2차 세계대전 이전 시기의 GDP 성장률을 웃돌고 있다. 특히, 한국이 포함된 아시아의 GDP 성장률은 이전 시기의 0.10% 성장에서 반전하여 2.91%에 이르고 있어 이 지역에 큰 변화가 있었음을 짐작할 수 있다.

본서의 의의는 첫째, 한국을 사례로 인류사에서 최고의 경제성장률을 보이고 맬서스의 덫이라는 문제를 해소해 나간 제2차 세계대전 이후부터 제1차 석유위기 전까지의 경제발전 요인을 밝히는 것이다. 둘째, 일제 시대에 형성된 기술인재가 해방 후 한국 경제발전에 크게 기여하였다는 실증에 근거하지 않은 암묵적인 전제를 수정하는 것이다. 셋째, 1987년 이후 노동생산성 향상 수준보다 실질임금 상승률이 높아 노동자가 기여한 것보다 보상을 많이 받고 있다는 주장이 근시안적인 평가라는 점을 밝히는 것이다.

2. 기존 연구와 본서의 개요

1970년대 이후 고도 경제성장기와 달리 재건기에는 매우 취약한 조건에서 기술인재를 형성시킬 수밖에 없었다. 특히, 해방 직후 한국은 식민지 국가로서 대만과 북한, 제국 국가인 일본보다 어려운 상황에서 인재형성을 해나가야만 하였다. 일본은 단기간에 국내 노동력의 12%에 해당하는 식민지 출신 일본인 기술자 등 420만 명의 고숙련 기술인재를 유입하였다. 대만은 기술교육을 촉진하고 기업을 경영한 경험이 있는 본토 중국인을 임원과 경영자로 채용하고 대만인 경영자를 승진시켜 일본인 기술인재의 공백을 메웠다. 반면 북한은 일본인 기술자들을 억류시켜 연료 엔진을 교체하고 기술교육을 담당하도록 하였다. 그러나 한국은 단기간에 많은 일본인 기술자가 빠져나갔으나 대체 기술자가 없는 매우 불리한 조건에서 기술인재를 양성해 나가야만 하였다.

1) 인재형성

먼저 해방 직후 학교제도 재편과 인재양성정책에 대해 분석한다. 1939년 현재 전문학교 졸업 이상의 기술자를 총망라하여 조사한 일제 시대의 기술자 현황에 대해 가장 신뢰할 수 있는 자료에 따르면, 총 기술자 6,775명 중 일본인 기술자가 5,720명으로 전체의 84.4%를 차지하고 있었다.[3] 해방 직후 북한은 일본인 기술자들을 억류시킨 상태로 기술이전을 시도하여 성과를 거두었다.[4] 그러나 남한은 일본인 기술자들이 즉시 귀국하여 기술이전이 원활하게 이루어

3 김병관(1996: 132).
4 森田芳夫 · 長田かな子 편(1980).

지지 않은 상태로 기술공백이 발생하였다. 일반적으로 한국경제의 성장은 1960년대부터 시작되었다고 평가하고 있다. 그러나 1960년대 경제성장을 가능하게 하였던 해방 직후~1950년대 기술공백의 복구 과정에 관한 연구는 아직 충분하다고 할 수 없다. 이에 본서에서는 해방 직후~1950년대에 기술공백을 복구하기 위해 단기적인 정책과 장기적인 정책이 어떻게 시행되었고 그 성과는 어떠하였고, 이 시기 경제재건에 결정적인 역할을 하였던 원조도입 과정에서의 설비투자와 기술혁신은 어떠한 형태로 진행되었는지를 밝힐 것이다. 또한 1950년대 인재형성 과정을 분석함으로써 1960년대까지의 일제 시대와의 연속성과 불연속성에 대해서도 분석할 것이다.

이러한 분석은 조선인 경영 기업을 포함한 방적산업을 분석하여 식민지기의 유산에 대해 입체감 있는 결론에 도달한 연구에서 중요한 시사점을 얻었다.[5]

이 연구는 일제 시대에 소수에 불과하였던 기술자에 관해서는 단절의 형태를 보이고 비교적 다수였던 기능자의 경우는 연속적인 형태를 보이고 있다는 결론을 내리고 있어, 단절과 연속의 어느 한쪽만을 치중하여 평가한 종래의 연구와는 달리 균형 있는 시각을 제시하고 있다. 따라서 본서에서는 이러한 시각에 기초하여 거시적 관점에서 1960년대를 준비한 해방 직후~1950년대 기술인재 형성과 기술혁신 과정을 밝히려 한다.

1960년대 한국의 기술혁신은 1950년대에 공급된 인적자원을 바탕으로 진행되었다. 그리고 선진국에 비하면 낮은 수준이었지만, 연구개발에 대한 적극적인 연구개발투자와 설비투자 그리고 품질개선과 생산관리의 개선을 통해

5 서문석(2006; 2010).

실현되었다. 이러한 과정이 1970년대 본격적인 기술혁신 실현을 가능하게 하였다.

1960년대 한국의 국민소득에 대한 연구개발투자 비율은 선진국에 비해 낮았다. 연구개발은 농림산업, 금속기계/화학섬유산업의 국공립 연구기관에서의 농학, 공학 분야 전문연구원을 중심으로 이루어졌다. 또한 연구개발투자의 절대 액수가 적었기 때문에 시설비나 사업비 투자액이 적었고 연구비 및 인건비와 비슷한 수준이었다.

2) 기술혁신

기술이란 '어떤 재화를 효율적으로 생산하기 위해서 지식을 실제로 적용하는 능력'이다. 기술혁신은 연구개발, 설비투자, 인재의 질적 향상, 생산관리의 과정에서 발생한다.

한국 경제발전 초기단계의 기술혁신 연구는 중화학공업화 시대라고 불리는 1970년대 이후를 주로 주목하고 있다. 이러한 연구는 그 분석 자체는 뛰어나지만 그 전제가 되는 1960년대의 변화에 관한 관심은 비교적 적다. 그렇지만 모든 국가는 예외 없이 경제발전 과정에서 기술수요자에서 공급자로 전환되어 왔다.[6] 한국 기계공업 발전에 관한 기존의 연구도 대규모의 설비투자에 의한 급격한 노동생산성 향상을 실현한 1970년대에 집중되어 있다. 따라서 점진적인 노동생산성 향상을 실현하여 급격한 노동생산성 향상의 기반을 형성한 1960년대에 관한 분석을 결여하고 있다.[7]

6 Rosenberg(1972).
7 水野順子(1990); 박영구(2015).

기술혁신을 집중적으로 분석한 것은 아니지만 최근 한국 경제발전의 초기단계인 1960년대에 정부주도로 경제발전이 진행되었다는 기존의 평가와 달리하는 연구가 있다.[8] 우리는 경제계획과 그 실적의 연관성이 적었다는 점을 새로운 자료를 발굴하고 면밀히 분석하여 정부역할의 과대평가를 비판한 연구에 대해 주목할 필요가 있다. 본서는 한국에서 기술혁신이 시동되었을 때 정부역할의 중요성을 부정하는 것은 아니지만, 각 기업에 의해 추진된 기술혁신 과정에 주목하고 있다.

해방 후부터 1950년대까지 한국의 기술혁신은, 첫째 국립연구소와 각 대학 및 공장이 제휴하여 단기양성제도를 시행하고, 둘째 해방 전 만주, 일본, 조선에서 다양한 경로를 통하여 습득한 기능을 검정시험을 통하여 자격증을 부여하며, 셋째 단기간에 재정비한 학교제도와 해외파견을 통하여 인재를 양성하고 그 질을 높이는 과정에서 진행되었다. 1950년대에 공급된 인재를 바탕으로 진행된 1960년대 한국에서의 연구개발, 설비투자 그리고 기계공업의 사례를 통한 생산관리에 대해 고찰하여 당시의 기술혁신 실태를 밝히고 일본과 노동생산성을 비교하여 그 성과를 평가할 것이다. 한·일 노동생산성 비교는 기존의 기술수준 비교연구를 참조하였다.[9]

본서는 기술혁신에 관해 시계열적 국제 비교적 관점에서 한국의 1960년대의 연구개발의 성격을 살펴본 뒤에 제2차 산업 설비투자의 실태와 생산실적 증가 및 그 요인, 기계공업의 생산실적과 수출입 변화를 분석할 것이다. 그리고 이러한 연구개발과 설비투자를 기반으로 진행된 생산관리, 즉 기계공업의 설비효율화와 제품의 품질개선에 대해 고찰한다. 또한 이상의 기술혁신이 어

8 朴根好(2015).
9 김창남(1994); 박경렬(2000); 강상목·이근재(2011).

떤 경로를 통해 노동생산성 향상으로 이어졌는지에 관해 일본과 비교하며 분석한다.

3) 노동자의 기여와 보상

제1부에서 해방 후 한국경제를 견인한 제조업과 섬유산업을 중심으로 노동자가 어떠한 공헌을 하였고 적절한 보상이 이루어졌는가에 대해 장기적인 관점에서 분석하여, 제2부에서 경제재건기의 인재형성과 기술혁신에 대해 분석하는 의미를 밝힌다.

해방 직후 최초의 주력 산업이었던 섬유산업의 재건과 발흥, 1970년대 성장과 노동력 결핍, 1980년대 쇠퇴와 조정 과정에 따른 노동력 수급 변화 및 노동생산성과 임금의 관계에 대해 분석한다. 이는 해방 후 약 60년간 섬유산업 노동시장의 실태 파악을 통해 자료의 제약으로 1960년대 이후 시기밖에 파악할 수 없었던 한국의 전 산업 노동력 수급실태 분석을 보완할 수 있다. 해방 직후의 한국 섬유산업은 중지하였던 공장 운영을 재개하거나 신설을 통해 중소규모 사업체가 다수 출현하고 재편되었다. 먼저 이 시기에 노동력 수급이 안정화되어 가는 과정을 살펴본다. 이후 성장으로 인해 노동력이 부족하였던 시기에는 고갈되기 시작한 노동력 공급을 어떻게 보충하였는가에 대해 살펴본다. 또한 성장기 이후 쇠퇴기에 어떻게 대응하였는가에 대해 산업 구조조정 과정을 중심으로 고찰한다.

노동자의 기여 과정으로써 노동력 수급에 대해, 본격적인 공업화를 시작한 1960년대 이후 1970년대 후반 제2차 석유파동 및 1990년대 후반 외환위기라는 두 번의 경제위기가 노동시장에 미친 영향을 비교하며 장기적인 관점에서 분석한다. 노동력의 공급, 수요, 임금의 동향을 파악할 수 있는 수량 데이터를 주로 이용해 분석하였다. 해방 후 노동에 관한 수량 데이터의 정비는 노동력에 관해서는 1963년부터, 임금에 관해서는 1970년부터 이루어진다. 데이터가 정비되기 전에도 '경제활동인구 간이조사'(1955)와 같은 조사가 있었지만 정비 후와 연결하는 것은 앞으로의 과제이다. 본서는 주로 '한국의 공업화와 노동력'과 'KLI 노동통계'를 사용하였다.

마지막으로 한국 경제발전에 대한 노동자의 기여와 보상에 관하여, 1987년 이후 노동생산성과 임금과의 관계의 기존 연구에 대해 장기적 분석이 가능한 섬유산업을 중심으로 의문점을 제시하고 새로운 결론을 도출할 것이다.

제 1 부

해방 후 한국경제의 성장과 노동자의 기여·보상(1945~2000)

제 1 장

어떻게 기여했는가?

1. 고용 장기추이: 전 산업과 섬유산업

2. 섬유산업 성장과 노동자 기여

1. 고용 장기추이: 전 산업과 섬유산업

1) 총고용량

노동자는 노동력 공급을 통해 경제성장에 기여하였다. 먼저 총고용량의 변화를 살펴보면, 1960년대 중반 이후 GDP성장률과 연동하고 있다(그림 1-1). 제조업의 고용은 총고용보다 경기변동에 민감하게 반응하고 있으며, 1987년 이후 감소 추세를 보이고 있다. 섬유산업 고용증가율은 1964년 이전에는 변동 폭

그림 1-1 전년 대비 연평균 고용증감률(1947~2000)

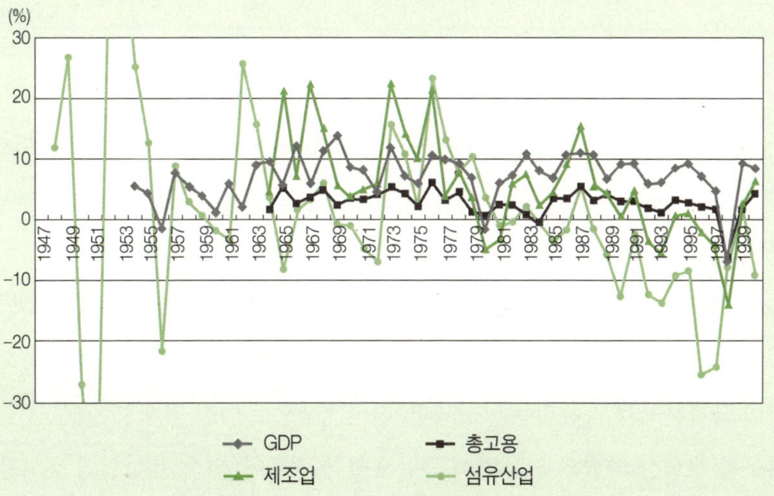

주: 1) 1951(−57.7%), 1952(44.3%), 1953(53.5%).
2) GDP 1954~1970(1975년 기준), 1971~2004(2005년 기준).

자료: 한국은행(http://ecos.bok.or.kr); 통계청, 『경제활동인구연보』; 대한방직협회(1997), 『방협50년사』; 대한방직협회, 『섬유연보』, 각 연도; 대한방직협회 내부 자료.

그림 1-2 섬유산업 부문별 재적인원(1948~2000)

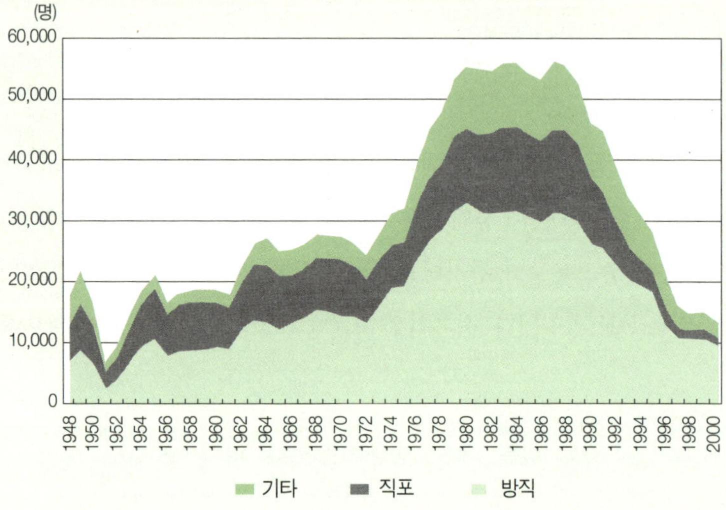

자료: 대한방직협회(1997), 『방협50년사』.

이 컸고, 1964년 이후 2004년까지 제조업 전체와 비교하여 변동 폭이 낮았다. 그러나 1970년대의 섬유산업 고용증가율은 총고용증가율과 비슷한 수준이거나 높은 수준을 유지하였다.

섬유산업의 총고용량(재적인원)은 1951년에 급감한 뒤에 1950년대 후반에 비슷한 수준을 유지하였다(그림 1-2). 여기에서 주의할 점은 1950년대에 총고용량이 급격하게 증가하지는 않았지만, 한국전쟁으로 인한 전재설비(戰災設備)의 복구를 경험한 양질의 노동력이 공급되었다는 점이다.[1] 섬유산업의 총고용량은 1960년대 중반부터 1970년대 초반까지 서서히 증가하다가, 1970년대에는 급

1 서문석(2010).

증하고 1980년대에 정체하다가 1987년을 정점으로 급감하기 시작하였다. 여기에서 주목할 것은 중화학공업화 시대로 불리는 1970년대와 1980년대에도 섬유산업의 고용유발 효과가 컸다는 점이다. 섬유산업의 고용량은 1981년에 제조업의 26.5%에 해당하였고, 이후 절대고용량을 유지하다가 감소 추세를 보이기 시작한 직후의 1988년에도 제조업의 13.8%를 유지하였다.

2) 노동력 공급

노동력의 공급원인 15세 이상의 인구는 감소하지 않고 지속적으로 증가하고 있다(그림 1-3). 다만 증가율이 1960년대 후반에 높아졌고 1970년대 초반에 급상승한 이후 낮아지고 있다.[2] 즉, 노동력 공급량이 절대 수로는 늘어나고 있지만 증가율은 감소하고 있다. 경제활동참가율은 1960년대 중반부터 높아지다가 1970년대 중반부터 1980년대 중반까지는 계속 낮아졌다. 이후 경제활동참가율이 1990년대 중반까지 높아졌다가 외환위기 때 한 차례 낮아진 뒤 다시 높아지고 있다. 주목할 점은 1987년 이후 15세 이상 인구증가율이 감소하고 있지만, 경제활동참가율은 계속하여 증가하고 있다는 점이다. 즉, 1987년 이후에도 노동자는 경제활동 참여의 확대를 통해 경제성장에 기여하였던 것이다.

실업률은 1960년대 중반부터 1970년대 후반까지 계속 낮아졌다가 제2차 석유파동 때에 한 차례 높아졌다. 이후 1990년대 중반까지는 낮아지다가 외환위기 때 급격히 높아진 뒤에 서서히 낮아졌으나 1997년 이전 수준을 회복한 것은 아니었다.

2 1969년에서 1970년으로의 급격한 증가율 상승 원인은 조사방법 등의 변경 등 예상 가능한 원인을 찾아보았으나 확인되지 않았다.

그림 1-3 경제활동인구(1963~2000)

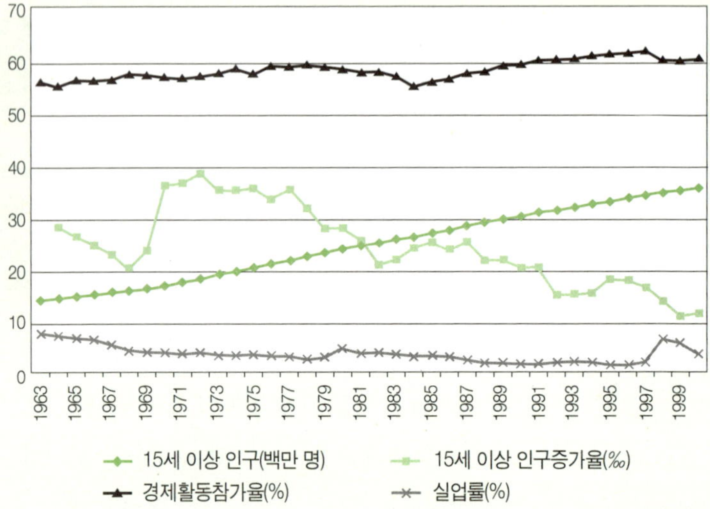

자료: 통계청, 『경제활동인구조사』.

제2차 석유파동 때의 경제활동참가율은 1979년, 1980년, 1981년에 전년 대비 각각 -0.007배, -0.008배, -0.008배로 소폭 낮아졌다. 실업률은 1979년과 1980년에 전년 대비 0.19배와 0.37배로 높아졌다. 한편, 외환위기 때 경제활동참가율은 1998년에만 전년 대비 -0.03배 낮아졌고, 실업률은 1997년, 1998년에 비해 0.3배, 1.69배로 높아졌다. 경제활동참가율은 두 시기에 걸쳐 변화의 폭이 작았으나, 실업률은 두 시기 모두 변화의 폭이 컸으며, 특히 외환위기 때에 크게 높아졌다. 즉, 제2차 석유위기 때보다 외환위기 때에 경제활동과 고용에 대한 충격이 컸던 것이다.

상시노동자는 비농업 부문 상용노동자와 임시노동자로 구성된다. 상시노

그림 1-4 **비농업 지위별 취업자(1963~2000)**

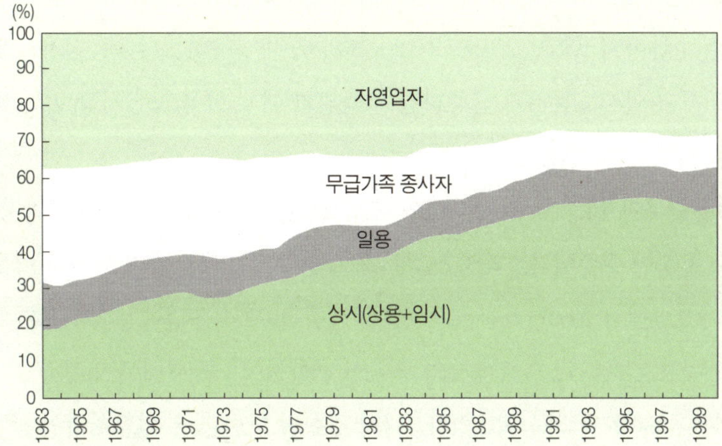

자료: 통계청, 『경제활동인구조사』.

동자의 비율은 1963년의 18.8%에서 2000년의 52.0%로 외환위기 때 이외에는 1963년부터 2000년까지의 전 기간에 걸쳐 계속해서 높아지고 있다(그림 1-4).[3] 시기별로 전년 대비 평균 증가율을 보면 1964~1972년은 8.2%, 1973~1980년은 7.8%, 1981~1993년은 5.4%, 1994~1997년은 3.0%였다. 그리고 1998년에 -8.17%로 급감하였고 1999년에는 -1.77% 소폭 감소 그리고 2000년에는 반등하여 5.90% 증가하였다.

여기에서 외환위기 때 상용근로자와 임시근로자 비율의 변화에 대해 주

3 상용근로자란 임금 혹은 월급을 받고 고용되어 있으며 고용계약 기간이 정해져 있지 않거나 고용계약 기간이 1년 이상인 정규 직원, 임시근로자란 임금을 받아 고용계약 기간이 1개월 이상 1년 미만인 자를 말한다. 상용근로자와 임시근로자로 구별할 수 있는 데이터는 1989년부터 존재한다.

목해 보자. 상용근로자 비율은 1996년 36.0%, 1997년 34.3%, 1998년 32.8%, 1999년과 2000년에 30.2%로 낮아졌다. 반면에 임시근로자의 비율은 1989년 16.9%에서 꾸준히 높아져 1997년 20.0%, 2000년 21.8%까지 상승하였다. 즉, 상용노동자는 감소하고 임시노동자가 급증하는 외환위기 이후 한국 노동시장 변화의 특징이 잘 나타나고 있다.

일용근로자 비중은 1963년 12.7%에서 2000년 11.1%로 감소하였지만 전체적으로 일정한 수준이다.[4] 과잉 노동력으로 간주되는 무급가족 종사자 비율은 1963년 31.2%에서 2000년 9.1%로 줄었다. 특히, 1977~1979년에는 5.5%포인트나 감소한 것으로 나타나 한국에서의 루이스 전환점이 1970년대에 도래하였다고 평가하는 연구를 뒷받침하고 있다.[5] 다만 주목할 만한 것은 외환위기인 1998년에 무급가족 종사자 비율이 높아져 1997년의 9.0% 수준으로 돌아간 것은 2000년이었다. 따라서 무급가족 종사자 부문은 최근까지 과잉 노동력의 버퍼 역할을 하였던 것으로 인정된다.

자영업자는 고용주와 자영자로 구성된다. 자영업자 비율은 1963년 37.2%에서 1994년 27.1%로 서서히 줄어든 뒤에 1995년부터 늘어나 1998년 28.2%로 정점을 찍고 다시 서서히 줄어드는 추세로 전환하였다.[6] 자영업자 비중이 높은 한국 노동시장의 특징이 잘 드러나고 있다. 특히, 1997년 외환위기 이후에 오히려 자영업자 비율이 늘어나 자영업자층도 여전히 불황의 완충 역할을 하고 있다는 점을 확인할 수 있다.

4 일용근로자란 임금을 받아 고용계약 기간이 1개월 미만인 자를 가리킨다.
5 배무기(1982).
6 자영업자란 자기 혼자 혹은 무급가족 종사자와 함께 자기책임 하에 독립적인 형태로 전문적인 업무를 수행하거나 사업소를 운영하는 자를 말한다. 고용주와 자영업자로 구별할 수 있는 데이터는 1989년부터 존재한다.

2. 섬유산업 성장과 노동자 기여

1) 성장과 쇠퇴

(1) 생산

섬유산업 제품 중 면사(綿絲) 생산량은 한국전쟁과 1950년대 후반 장기불황으로 각각 1951년과 1961년에 일시적으로 감소하였지만 1947년 이후 1971년까지 계속하여 증가하였다(그림 1-5). 이후 생산량은 1971년과 1972년에 불황으로 감소하나 1980년까지 급속히 증가하였고, 1980년대에는 정체하다가 1988년을 정점으로 감소하였다.

그림 1-5 섬유산업 제품생산량(1947~1996)

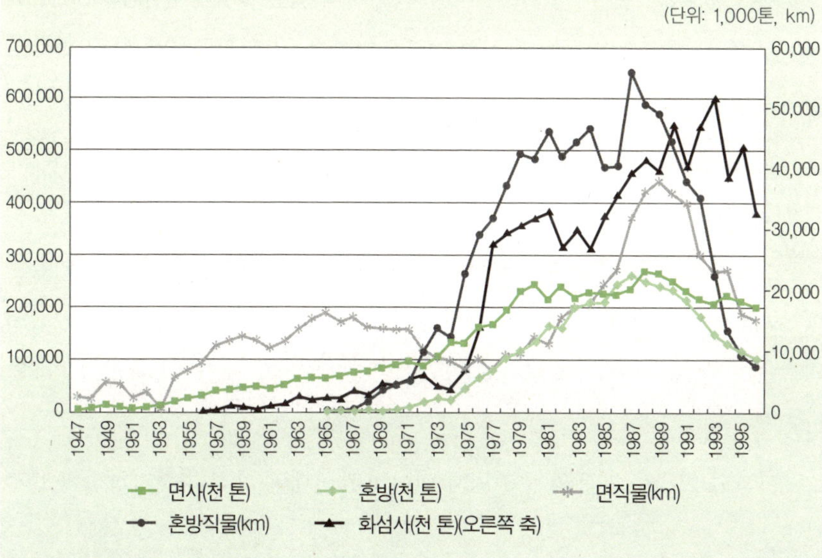

자료: 대한방직협회(1997), 『방협50년사』.

혼방사(混紡絲)는 생산량이 확인되는 1965년 이후에 1974년을 제외하면 1987년까지 계속하여 증가한 뒤에 감소하였다. 화섬사(化纖絲)는 생산량이 확인되는 1956년부터 1972년까지 증가하다가 1973년과 1974년에 감소하였다. 이후 1970년대 후반의 급격한 증가에 이어 정점인 1993년까지 증가하였다가 이후 감소하였다. 1970년대 중반 이후의 급격한 생산량의 증가와 1990년대 초반까지 증가 추세였던 점이 면사와 혼방사의 생산량 추이와 다른 점이다.

면직물(綿織物) 생산량 추이는 두 시기의 사이클로 나눌 수 있다. 첫 번째 사이클은 1953년부터 1970년대 중반까지이고, 두 번째 사이클은 1977년부터 1990년대까지이다. 이러한 현상은 화섬사 생산량 증가에 따른 혼방직물 생산량 증가로 면직물의 수요가 감소하였다가, 이후 면직물에 대한 새로운 수요가 창출되었기에 발생한 것이라고 판단된다. 혼방직물(混紡織物)은 1960년대 중반부터 생산량이 증가하다가 1975년 이후 화섬사와 더불어 급격하게 증가하여 화섬사보다 이른 시기인 1988년에 최고치를 기록한 뒤 면직물보다 빠른 속도로 감소하였다.

(2) 수출

섬유산업 전체 제품의 수출액은 1997년 현재까지 증가하였고, 전체 수출액에서의 비중도 현격하게 떨어지지 않았다. 즉, 1970년 3.9억 달러, 38.7%, 1980년 50.1억 달러, 28.6%, 1990년 146.7억 달러, 22.6%, 1997년 183억 달러, 13.5%였다.[7]

면사와 면직물 제품의 수출액 추이는 1970년대에 급격히 증가하다가 1970

7 김은정(1999: 66).

그림 1-6 섬유산업 수출액(1947~1996)

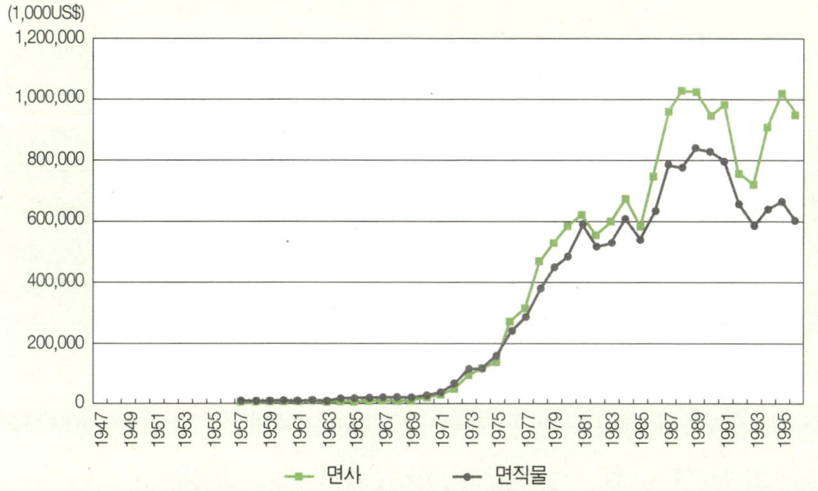

자료: 대한방직협회(1997), 『방협50년사』.

년대 후반 이후 정체하였고 1980년대 후반기에 절정에 다다른다(그림 1-6). 한편, 면사 및 면직물 생산량은 1990년대 중반에 감소의 속도가 약 1년간 늦추어졌다가 다시 감소하였다. 반면에 수출액은 반전의 폭이 컸다. 특히, 대기업이 생산의 주체인 면사의 수출액 반전 폭이 중소기업이 생산의 주체인 면직물보다 컸다. 여기에서 주목할 점은 상대적으로 수출액이 적은 1970년대 이전에 이미 수출의 제도적 기반이 형성되었다는 점이다.[8]

8 서문석(2009).

2) 재건과 발흥: 해방 직후~1960년대

(1) 제조업과 섬유산업의 견인

섬유산업의 해방 직후 전체 산업에서의 위치에 대해 살펴보기 위해 산업 전체의 동향에 대해 살펴보기로 한다(표 1-1). 사업체 수가 해방 직후에는 일제 말기의 반 이하로 감소하였지만, 그 후 증가하여 1960년대 초에는 일제 말기의 두 배 가까이 증가하였다. 이러한 증가는 서비스업, 상업/금융/부동산업, 운수/보관/통신업 등의 제3차 산업의 기여도 컸다. 특히 제조업의 노동자 수가 1948년에 비교하여 1962년에 두 배 가까이 증가하였고 전 산업 노동자 수 증가의 43%를 차지하였다. 고용 측면에서 본 한국경제는 해방 전 수준을 1950년대 중반에 회복하였고 1960년대 초반에 능가하였다.

1962년 기준 섬유업, 의복업, 가죽업의 사업체 수는 각각 1,996업체, 761업체, 59업체였고, 고용자 수는 각각 87,697명, 11,575명, 5,516명이었다(표 1-2). 사업체 절대 수의 증가가 두드러진 제조업 가운데 섬유/의복/가죽업의 비중이 가장 컸다. 따라서 섬유/의복/가죽업의 동향을 섬유산업의 동향으로 간주해도 큰 무리는 없다. 일제 말기 1943년을 소분류와 중분류로 재구성한 것은 해방 후의 통계와 연속적으로 파악하기 위해서이다. 즉, 중분류를 기준으로 집계된 1948년 자료와 소분류를 기준으로 집계된 1955년 이후 자료와 연속적으로 파악하기 위해, 중분류와 소분류를 기준으로 재구성이 가능한 1943년 자료를 두 가지 방식으로 재구성한 것이다. 1948년의 섬유/의복/가죽업 사업체 수는 일제 말기와 비교하여 1/3 수준이었으나 1955년에는 1948년 대비 64%, 1962년에는 1955년 대비 316% 증가하였다. 한편, 고용자 수를 기준으로 한 섬유/의복/가죽업 사업체 평균 규모가 1948년, 1955년, 1962년에 계속해서 축소되고 있다. 여

표 1-1 발흥기 전 산업 사업체 수와 고용자 수 기준 사업체 평균 규모의 변화(1943~1962)

(단위: 업체, 명)

	사업체 수					사업체 평균 규모(총고용자 수/사업체 수)				
	1943(1)	1943(2)	1948	1955	1962	1943(1)	1943(2)	1948	1955	1962
농/축/임/어업	10			558	1,010	45			25	28
광업	665	650	75	134	375	103	104	307	167	103
제조업	9,144	9,109	4,194	4,098	11,371	22	22	34	33	25
건설업	997	997	132	98	447	53	53	88	84	40
전기/가스/수도	70	70	59	81	257	43	43	61	119	35
상업/금융/부동산	273	505	462	456	1,689	27	35	37	30	17
운수/보관/통신	747	740	482	732	1,319	46	46	54	48	39
서비스	165			327	6,249		45		16	16
계	12,071	12,071	5,404	6,484	22,717	31	31	41	38	24
	노동자 수					남/여				
	1943(1)	1943(2)	1948	1955	1962	1943(1)	1943(2)	1948	1955	1962
농/축/임/어업	453			13,864	28,558	10.3			17.0	26.9
광업	68,673	67,863	22,995	22,386	38,475	10.9	11.0	22.0	13.1	16.2
제조업	200,441	199,326	141,845	136,526	283,357	2.1	2.1	2.9	1.4	1.5
건설업	52,604	52,604	11,615	8,188	17,901	61.1	61.1	29.2	7.3	19.2
전기/가스/수도	2,998	2,998	3,587	9,604	9,050	65.6	65.6	40.7	12.7	26.5
상업/금융/부동산	7,396	17,535	17,084	13,605	28,337	3.2	6.5	6.6	3.3	4.5
운수/보관/통신	34,412	33,995	25,904	34,920	51,321	19.5	20.0	62.5	12.1	6.1
서비스	7,344			5,382	97,817	30.4			1.8	2.8
계	374,321	374,321	223,030	244,475	554,816	4.0	4.0	4.5	2.5	2.6

주: 1) 조사 대상은 상시 5인 이상 사업체.
2) (1)은 소분류 재구성, (2)는 중분류 재구성.

자료: 조선총독부, 『조선노동기술통계조사결과보고』(1943년판); 남조선과도정부노동부통계실, 『남조선노동통계조사결과보고』(1948년판); 보건사회부, 『보건사회통계연보』(1955~1957 합병호); 보건사회부, 「사업장노동실태조사보고서」(1962년판).

기에서 주의해야 할 점은 축소된 1962년의 수준이 일제 말기의 수준이라는 점이다. 즉, 이 시기를 섬유산업 발흥의 시대, 즉 소규모 사업체가 운영을 중단하

표 1-2 발흥기 제조업 사업체 수와 고용자 수 기준 사업체 평균 규모의 변화(1943~1962)

(단위: 업체, 명)

	사업체 수					사업체 평균 규모(총고용자 수/사업체 수)				
	1943(1)	1943(2)	1948	1955	1962	1943(1)	1943(2)	1948	1955	1962
음식료/담배	1,704	1,704	781	1,081	2,032	12	12	25	26	16
섬유/의복/가죽	1,810	1,683	541	889	2,816	36	36	68	58	37
제재/나무제품/가구	1,359	1,359	493	305	693	11	11	22	14	15
종이/종이제품/인쇄출판	757	420	228	235	841	16	18	27	30	23
화학/석탄/고무제품	410	681	532	672	1,658	45	34	48	30	25
비금속광물제품	1,283	1,283	416	229	752	16	16	21	32	22
제1차금속	416	416	414	112	409	30	30	26	20	28
금속제품/기계/장비	944	944	637	488	1,858	29	29	30	27	21
기타제품	426	619	152	87	312	19	20	30	29	19
계	9,109	9,109	4,194	4,098	11,371	22	22	34	33	25
	노동자 수					남/여				
	1943(1)	1943(2)	1948	1955	1962	1943(1)	1943(2)	1948	1955	1962
음식료/담배	19,876	19,876	19,625	27,961	33,002	13.8	13.8	32.4	2.3	2.2
섬유/의복/가죽	65,372	61,243	36,564	51,260	104,788	27.0	27.0	32.3	0.3	0.4
제재/나무제품/가구	14,604	14,604	10,605	4,294	10,399	1.8	2.1	2.7	7.1	6.4
종이/종이제품/인쇄출판	12,022	7,371	6,236	7,076	19,616	8.2	8.2	10.4	5.7	4.0
화학/석탄/고무제품	18,585	22,991	25,542	20,416	42,086	0.5	0.5	0.6	2.4	1.9
비금속광물제품	20,624	20,624	8,565	7,407	16,780	16.3	16.3	35.8	4.0	4.6
제1차금속	12,636	12,636	10,942	2,214	11,323	3.6	3.6	6.5	15.2	14.8
금속제품/기계/장비	27,549	27,549	19,280	13,373	39,325	6.3	13.0	11.5	23.9	10.3
기타제품	8,058	12,432	4,486	2,525	6,038	1.2	1.6	3.7	1.3	2.2
계	199,326	199,326	141,845	136,526	283,357	2.1	2.1	2.9	1.4	1.5

주: 1) 조사 대상은 상시 5인 이상 사업체.
2) (1)은 소분류 재구성, (2)는 중분류 재구성.

자료 조선총독부, 『조선노동기술통계조사결과보고』(1943년판); 남조선과도정부노동부통계실, 『남조선노동통계조사사결과보고』(1948년판); 보건사회부, 『보건사회통계연보』(1955~1957 합병호); 보건사회부, 「사업장노동실태조사보고서」(1962년판).

였다가 이후 서서히 운영을 재개하였거나 새로운 소규모 사업체가 신설된 시대로 파악할 수 있다. 이러한 주장은 해방 후부터 1950년대 중소직물업에 관한 연구에 의해서도 뒷받침되고 있다.[9] 이러한 섬유산업 소규모 사업체의 발흥은 조정기의 사업체 소규모화와 대비되어 흥미롭다.[10]

(2) 고용과 퇴직 시기의 안정화

해방 직후 섬유산업의 노동시장은 안정되고 있었을까? 연간 채용과 퇴사 시기의 정착을 안정된 노동시장의 기준으로 삼을 수 있다.

섬유산업 남자노동자의 입사가 1956년과 1961년에는 11월에 집중되었으나 1966년과 1971년에는 7월에 집중되었다(그림 1-7). 섬유산업 남자노동자의 퇴사가 일정한 패턴이 있다고 하기는 어렵지만, 모든 연도에서의 4월과 10~11월에 퇴사하는 비중이 높았다. 섬유산업 여자노동자의 입사는 1961년까지 일정한 패턴을 보이지 않다가, 1966년부터 4월에서 8월까지 증가하다가, 8월에서 12월까지 감소하는 패턴을 보였다(그림 1-8). 섬유산업 여자노동자의 퇴사는 1961년까지 일정한 패턴을 보이지 않다가, 1966년부터 1월과 2월에 감소하고, 3월과 4월에 정체하며, 5월에서 8월까지 증가하고, 9월에 감소하였다가 10월에서 12월까지 감소하였다.

이상과 같이 해방 직후 섬유산업에서 1960년대 중반부터 입사와 퇴사의 시기가 7~8월에 집중되는 형태로 고용과 퇴직의 연간 패턴이 안정되기 시작하였다.

9 류상윤(2009: 149~153).
10 박양춘·김은정(2001: 4~6).

그림 1-7 섬유산업 발흥기 남자 월별 입·퇴사 현황(1951~1971)

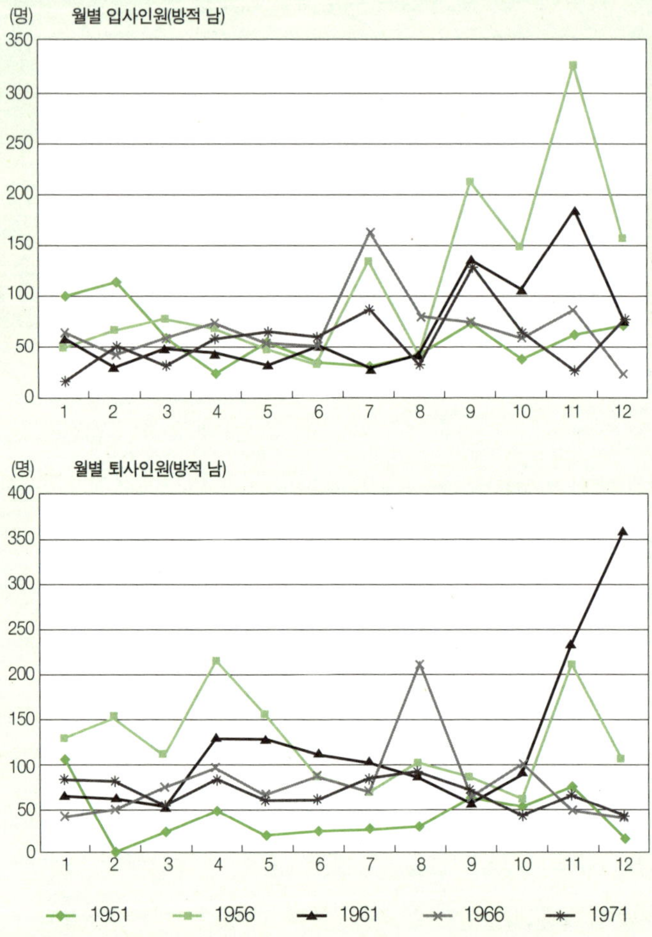

자료: 대한방직협회(1997), 『방협50년사』.

그림 1-8 섬유산업 발흥기 여자 월별 입·퇴사 현황(1951~1971)

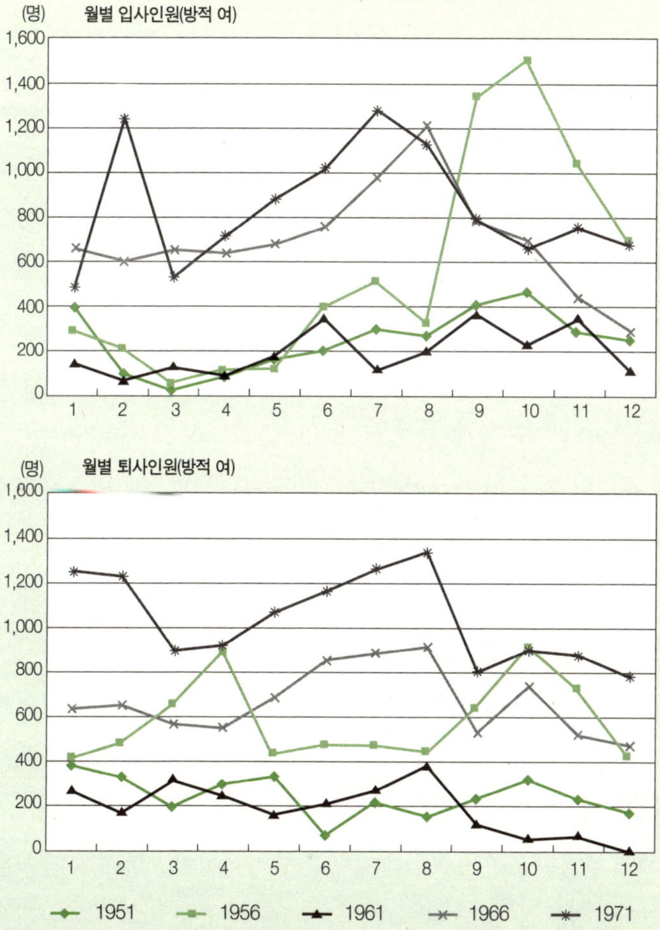

자료: 대한방직협회(1997), 『방협50년사』.

3) 산업성장과 노동강도의 강화: 1970년대~1980년대 중반

(1) 설비운전율 증가

성장기 한국 섬유산업의 최대 과제는 1960년대 후반부터 시작된 노동력 공급의 결핍을 해소하는 것이었다.[11]

앞에서 살펴본 바와 같이 한국의 섬유산업은 1970년대에 제품생산량이 급증함에 따라 고용을 급격히 확대시켰다. 그렇지만 당시 대규모 면방직공장의 모집 상황에서도 알 수 있듯이, 고용을 용이하게 확보할 수 있었던 것은 아니다.[12] 예를 들면, 경성방직 생산직 여종업원의 모집응모율이 1960년대에 약 300%였으나, 1975년에는 100%를 약간 상회하는 정도였다. 충남방적의 경우에는 100% 이하였다. 따라서 섬유산업 성장기에는 노동력 공급만으로도 충당하지 못하여 설비운전율을 높이고 노동시간을 연장하였다.

방적 및 방직설비의 운전율(추당 연간 운전율)은 제품생산량의 추이(그림 1-5)와 연동하여 1948년부터 1951년까지 급증하였고, 1950년대 중반까지 감소하였다가 이후 증가한 뒤에 1960년대 초반에 감소하였다(그림 1-9). 1960년대에는 빠른 속도로 증가하였고, 1970년대 전반에 감소하였다가 이후 서서히 증가한 뒤에 1986년 이후에 감소하였다.

여기에서 주목할 것은 1960년대의 높은 증가율이 1970년대 중반 이후에 둔화되었다는 점이다. 즉, 한국 섬유산업은 1970년대 중반 이후 설비운전율의 증가만으로 노동력 공급의 결핍을 채우지 못하였다.

11 배무기(1982).
12 박영기(1981: 28).

그림 1-9 섬유산업 연간 추당 운전시간(1947~1996)

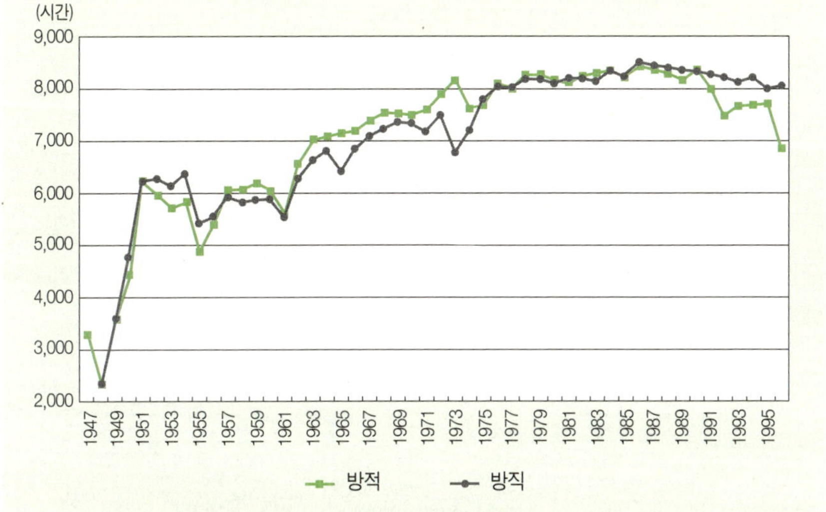

자료: 대한방직협회(1997), 『방협50년사』.

(2) 노동시간 증가

노동력 공급을 증가시키는 또 하나의 방법이 노동시간의 확대이다. 섬유산업에 대해 살펴보기 전에 산업별 노동 투입시간을 살펴보면, 제조업, 건설업, 도소매·음식숙박업, 운수창고·통신업은 전 산업의 평균 수준과 비슷한 동향을 보이고 있다(그림 1-10). 그 가운데 제조업이 항상 전 산업의 평균을 웃돌고 있다. 전기·가스·수도업, 금융·부동산업, 사회·개인사업 서비스업은 1970년대 전 산업과 달리 감소하였다.

3차 산업인 금융·부동산업이나 사회·개인사업 서비스업은 1980년대 소폭 상승하는 등 낮은 수준으로 유지하며 안정적인 추세를 보였다. 반면 전 산업의 평균 노동투입시간은 1970년대 초반 감소 추세였으나 1970년대 중반부터

그림 1-10 **산업별 주간 노동시간(1970~2000)**

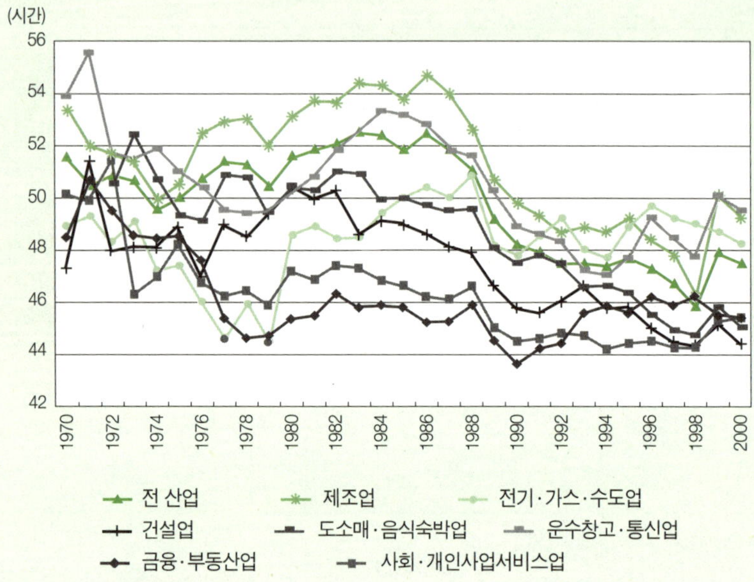

자료: 노동부, 『매월노동통계조사보고서』.

는 석유위기의 영향으로 일시 감소하였다가 1980년 이후부터 1986년까지 증가하였다.

민주화 선언 이후 노동운동이 고양된 1987년부터 1990년까지 급감하였다가 이후 1998년까지는 서서히 감소하였다. 1999년에는 외환위기의 여파로 노동시간이 급증하였다가 이후 다시 감소하였다. 살펴본 바와 같이 노동투입시간의 큰 변화는 제2차 석유파동이나 외환위기 기간이 아니라 1970년대 중반의 전환점과 1987년의 민주화 선언 이후에 발생하였다.[13]

한국 섬유산업(섬유제조업)의 노동시간은 1970년대에 하락과 상승을 거듭

그림 1-11 섬유제조업 및 제조업 평균 월 노동시간(1970~1998)

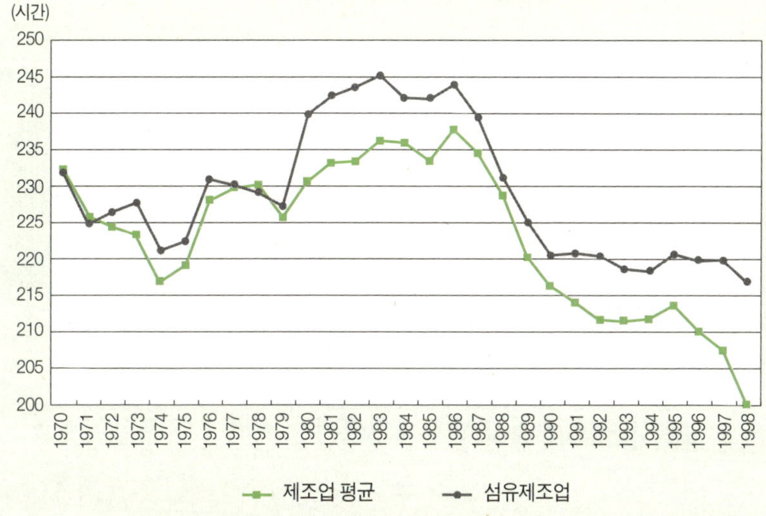

자료: 고용노동부, 『노동통계연감』, 각 연도.

하다가 1980년부터 상승하여 1986년까지 그 수준을 유지하였다(그림 1-11). 이러한 사실은 한국 섬유산업이 1970년대 이후 설비운전율의 증가로 메우지 못하였던 노동력 공급 부족을 노동시간의 확대로 보충하였다는 것을 시사한다.

이상과 같은 노동시간의 확대는 각 회사의 기숙사 시설 확대와 수용인원 증가로 가능하였다(그림 1-12). 즉, 섬유산업 노동력의 대부분을 차지하는 여성노동자의 기숙사 수용인원이 1970년대 중반부터 서서히 증가하다가 1980년대 전반에 급증하였다. 한편, 남성노동자의 기숙사 수용인원은 1970년대 중반부터 지속적으로 증가하다가 1980년대 후반에 급증하였다. 이러한 사실은 남성

13 김수곤·이주호(1995)는 1970년대 이후 한국 노사관계의 큰 변화 시점을 1975년과 1987년으로 인식하고 있다.

그림 1-12 **섬유산업 남녀 기숙사 인원(1948~1996)**

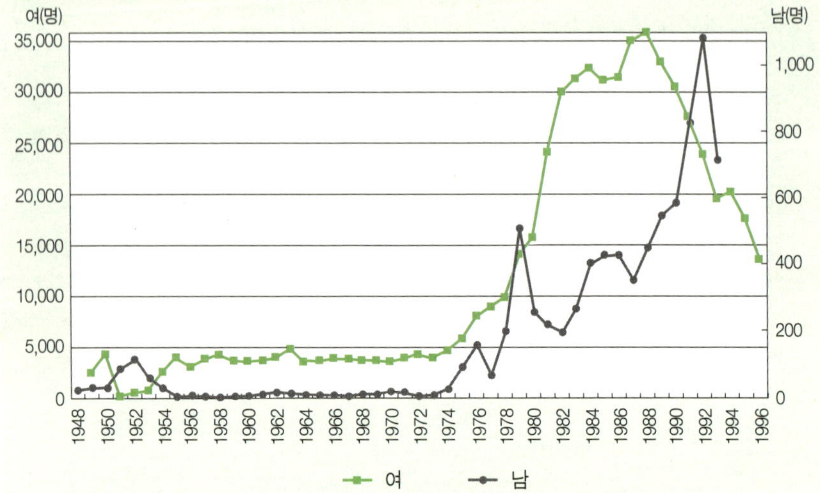

자료: 대한방직협회(1997), 『방협50년사』; 대한방직협회 내부자료.

노동자가 여성노동자의 수와 비교하여 상대적으로 적은 수이지만 설비의 대체에 따라 여성노동자를 일부 대체한 결과라고 할 수 있다.

제2장

공정한 보상을 받았는가?

1. 고용: 1980년대 중반 이후 섬유산업의 쇠퇴와 구조조정

2. 임금: 전 산업과 섬유산업

1. 고용: 1980년대 중반 이후 섬유산업의 쇠퇴와 구조조정

1) 주요 산업 취업자 수 변화와 고용흡수

섬유산업은 1980년대 중반 이후 쇠퇴의 길로 접어들게 된다. 먼저 주요 산업의 고용량 변화에 대해 살펴보자.

1960년대 이후의 주요 산업별 취업자 수가 매우 급격한 변화를 보이고 있다(그림 2-1). 노동력의 공급원인 농림업의 취업자 수는 1970년대 초반에 증가하였으나 1977년 이후에 계속 감소하고 있다. 전체 산업 중 농림업의 비중은 1963년 60.5%에서 2000년 10.2%로 약 50%포인트나 줄었다. 제조업 취업자는 1980년

그림 2-1 산업별 취업자(1963~2000)

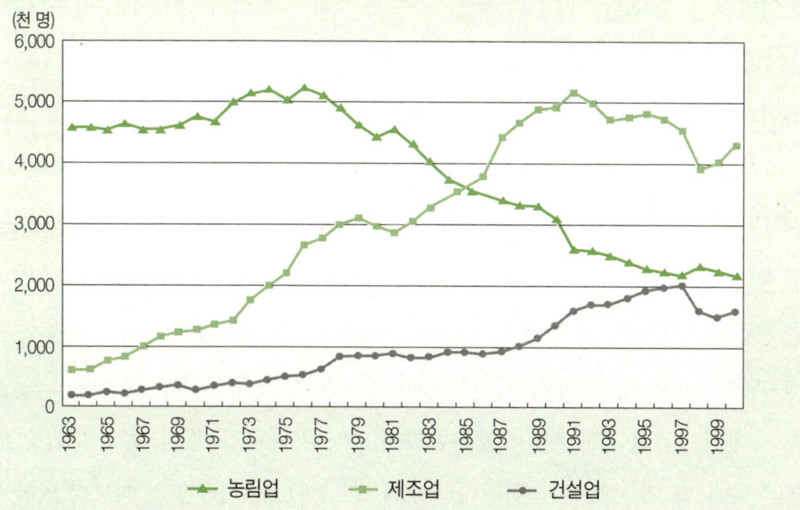

자료: 통계청, 『경제활동인구조사』.

과 1981년 연속 감소하였으나 1991년까지 증가하였다가 이후 감소세로 돌아섰다. 전체 산업 중 제조업 비중은 1963년 7.9%에서 1989년 27.8%까지 높아진 뒤 2000년에는 20.3%까지 낮아졌다. 건설업 취업자 수는 1997년까지 꾸준히 증가하였다가 이후 감소하고 있다. 전체 산업 중 건설업 비중은 1963년 2.5%에서 1997년 9.6%까지 높아진 뒤 2000년에 7.5%로 낮아져 농림업과 비슷한 수준이 되었다.

여기에서 제2차 석유파동과 외환위기의 노동시장에의 충격에 대해 전년 대비 증가율 동향을 기준으로 비교해 보자. 제2차 석유파동 때 제조업 취업자 수는 1980년 −4.6%, 1981년 −3.2%로 2년 연속 감소하였다. 건설업 취업자 수는 1978년 31.5% 증가하였다가 1979년 2.1%로 하락세를 보이다가 1984년 10.8%로 회복되었다. 건설업이 경기변동에 영향을 받기 쉬운 산업임을 잘 드러내고 있다. 1981년의 농림업 취업자 수는 2.9% 증가하였다. 반면 외환위기 때 제조업 취업자 수는 1998년 −13.7%로 감소하였고 건설업 취업자 수도 1998년 −22.1%, 1999년 −6.6%로 계속 감소하였다. 이 시기에도 농림업 취업자 수는 6.5% 증가하였다.

전년 대비 고용량 절대 수 동향에 기초하여 두 시기를 비교해 보자. 1980~1981년의 제조업과 건설업의 취업자 수는 합계 19만 8천 명 감소하였으며, 농림업의 취업자 수는 1981년에 12만 7천 명 증가하였다. 1997~1998년 제조업과 건설업의 취업자 수는 합계 121만 1천 명 감소하였으며, 농림업의 취업자 수는 1999년에 14만 1천 명 증가하였다. 따라서 주요 산업 취업자 수의 동향으로 볼 때 경제위기의 충격은 제2차 석유위기 때보다 외환위기 때 더 컸다. 또한 농림업은 양 시기 모두 완충 역할을 하였지만 그 기여도는 석유위기 때보다 외환위기 때에 낮아졌다.

그림 2-2 **직업별 취업자(1963~2000)**

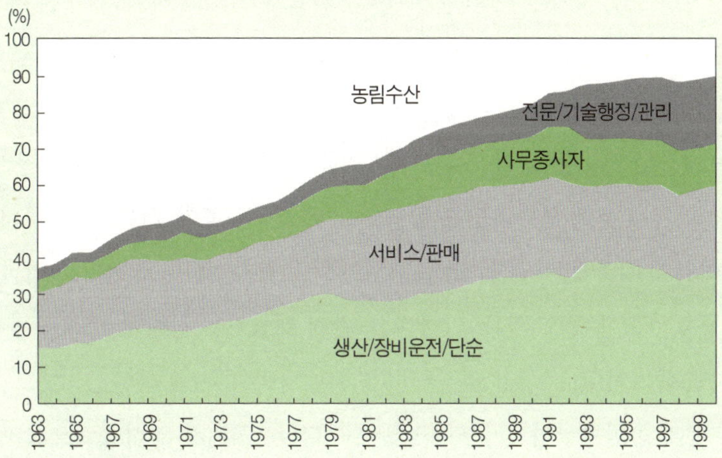

자료: 통계청, 『경제활동인구조사』.

전체 취업자 중 생산·장비운전·단순 취업자의 비율은 1963년 15.0%에서 2000년 35.7%로 2배 이상 상승하였다(그림 2-2). 서비스·판매 취업자는 15.4%에서 23.8%, 사무 취업자는 3.5%에서 11.6%, 전문·기술행정·관리 취업자는 3.2%에서 18.9%로 상승하였으며, 농림수산 취업자는 62.9%에서 10.0%까지 하락하였다.

전년 대비 각 직업별 취업자 증가율 동향을 근거로 각 불황기를 비교해 보자. 다른 조사와 달리 제1차 석유파동기의 변화가 잘 드러난다. 사무 취업자와 전문·기술행정·관리 취업자는 1972~1973년 연속 하락하고 서비스·판매 취업자는 1972년에 하락하는 반면 농림수산 취업자는 1972~1973년 연속 상승하였다. 그러나 생산·장비운전·단순 취업자는 1970년 소폭 상승해 1971년 소폭 하락한 뒤 1972년에는 11.4%로 1969년을 웃도는 수준으로 회복하였다. 제2차 석유파동기인 1980년 생산·장비운전·단순 취업자가 7.6% 하락해 사무 취업자 및 전문·기술행정·관리 취업자의 증가율은 낮아진 반면 서비스·판매 취업자 증가율은 상승하였다. 1981년에는 생산·장비운전·단순 취업자, 서비스·판매 취업자, 전문·기술행정·관리 취업자가 평균적 증가율 수준으로 회복된 반면 사무 취업자는 소폭 하락하였고 농림수산 취업자는 증가세로 돌아섰다. 외환위기 때인 1998년에는 생산·장비운전·단순 취업자, 서비스·판매 취업자, 사무 취업자는 크게 줄고 전문·기술행정·관리 취업자는 정체된 반면 농림수산 취업자는 증가하였다.

그런데 농림수산업 부문의 완충지대로서의 지위가 변하였다. 즉, 1972~1973년에 72만 8천 명 증가하였으며, 같은 시기 서비스·판매 취업자, 사무 취업자, 전문·기술행정·관리 취업자 감소분 28만 8천 명을 흡수하였다. 그러나 1981년에는 12만 6천 명 증가하였으며 1980년 생산·장비운전·단순 취업자 감소분 31만 3천 명을 흡수하지 못하였다. 1998년에는 10만 7천 명밖에 증가하지 않아 같은 해 생산·장비운전·단순 취업자, 서비스·판매 취업자, 사무 취업자 감소분 141만 1천 명의 10% 미만만이 흡수되었다. 그렇다면 경기변동에 따른 산업 내 노동력 조건은 어떻게 이루어졌을까?

2) 노동력 과잉대책: 구조조정

성장기를 거친 한국의 섬유산업은 산업 구조조정을 거쳐야 하는 곤란에 직면하게 되었다. 한국 섬유산업은 앞에서 살펴본 바와 같이 생산량과 수출액을 기준으로 할 때 1980년대 후반에 절정에 이르게 되었다(그림 1-5, 그림 1-6). 그러나 1970년대 GDP성장률 하락에 따라 1970년대 후반기부터 고용증가율이 감소하기 시작하였다(그림 1-1).

여기에서 고용증가율 감소의 의미를 제품 1단위 생산에 필요한 직접 또는 간접 노동량을 나타내는 노동유발계수의 변화를 통해 살펴보자.[1] 섬유사와 직물의 노동유발계수가 1975년에서 1980년에 각각 0.56, 0.86에서 0.14, 0.20으로 급격히 하락하고 있었다. 이러한 사실을 근거로 섬유산업의 구조조정정책, 즉 산업합리화 정책이 시행된 것이다.[2]

섬유산업의 산업합리화 정책은 1980년대 이전부터 시행되었다. '섬유공업 합리화안'(1966년 7월)을 수정하여 제정한 「섬유공업시설에 관한 임시조치법」(1967년)은 섬유공업 시설로 등록된 시설의 전용을 금지하는 등록제를 운영하여 새로운 설비투자를 규제하는 방식으로 구조조정을 시행하려 한 것이다.[3] 이러한 섬유산업의 합리화 정책은 이후 「섬유공업근대화촉진법」(1980년)에 의한 설비 개선에 의해 계승되었고,[4] '산업정책심의회'의 설치(1981년)에 의해 제도화되었다. 또한 「조세감면규제법」을 개정(1985년)하여 산업합리화 업종 또는 기업으로 지정될 경우 기업 통폐합에 따른 양도세, 취득세 면제 등 각종 조세감면 혜택을 받을 수 있도록 조치하였다.[5] 이후 「섬유공업시설에 관한 임시조치법」 등의 개별법을 폐지하고 단일법률 체계인 「공업발전법」을 제정(1986년)하여, 생산기술 향상과 설비 개선을 통해 생산성 향상 가능성이 높은 업종을 지원하고 가능성이 낮은 업종에 대해 합리화를 시행하였다. 「공업발전법」에

1 홍문신·최장호(1986: 150~152).
2 홍문신·최장호(1986).
3 이상철(1997: 103~118).
4 윤창호(1985: 20~23).
5 차동세·김광석 편(1995: 336, 409~412, 453, 473~475).

그림 2-3 직포업 재적인원(1948~2000)

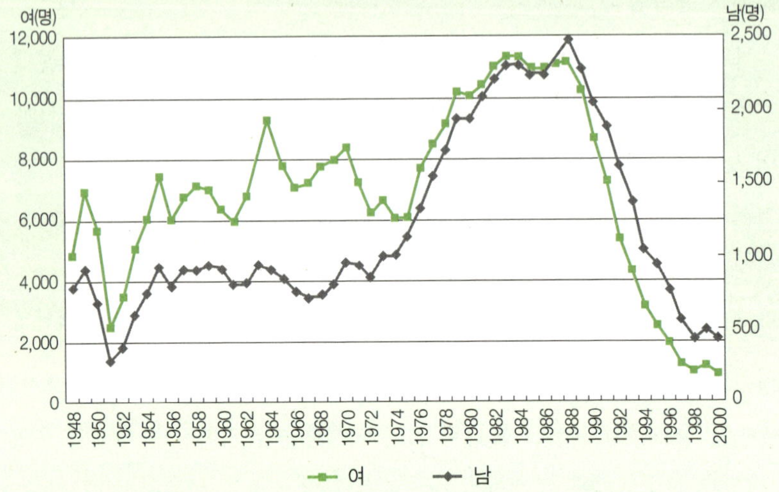

자료: 대한방직협회(1997), 『방협50년사』; 대한방직협회 내부자료.

그림 2-4 방적업 재적인원(1948~2000)

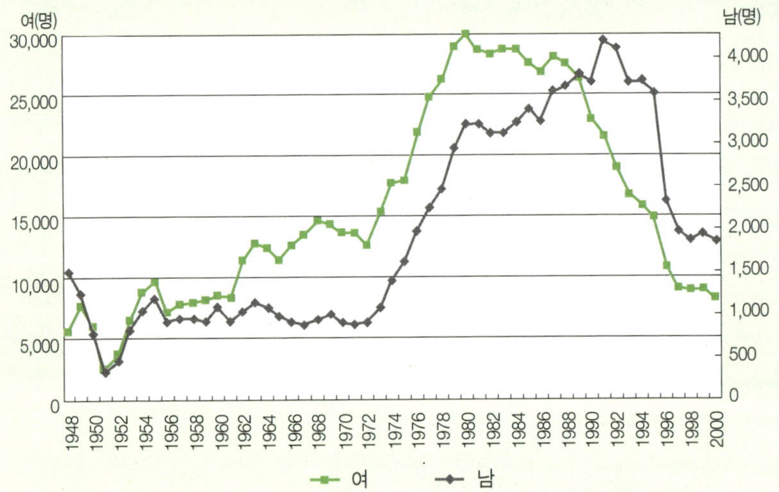

자료: 대한방직협회(1997), 『방협50년사』; 대한방직협회 내부자료.

의한 합리화 지정 기간은 1986년 7월 16일부터 1989년 6월 30일까지였고, 직포업이 합리화 업종으로 지정된 것은 1986년 7월이었다.[6]

직포업의 재적인원은 합리화 업종으로 지정된 3년 뒤부터 남녀 모두 급격하게 감소하였다(그림 2-3). 직포업과 비교하여 규모가 큰 방적업의 여자 재적인원은 본격적인 구조조정정책이 시행되기 이전인 1970년대 후반부터 감소하기 시작하여 1980년대 후반부터 급격히 감소하였다(그림 2-4). 한편, 방적업의 남자 재적인원은 여자가 감소하는 1970년대 후반부터 1990년대 초반까지 증가하고 이후 감소하고 있다. 이러한 현상이 발생한 이유는 1970년대 후반부터 1980년대까지 새로운 설비투자에 따라 여자노동자의 고용이 감소하고 남자노동자의 고용이 증가하였기 때문이다.

3) 노동시장 안정대책: 고용승계

이 시기에 구조조정정책이 비교적 원활하게 진행되었던 것은 조세감면 등의 혜택만이 아니라 '고용승계 의무화'라는 규제조치의 영향이 컸다.[7] 즉, 구조조정에 따른 '노사 문제 예방' 조치로 구조조정 계획 수립단계에서 고용 문제를 반영하도록 양도자와 인수자 계약 양 당사자에게 권고하고 설득하였다. 즉, 계약 내용에 '고용승계규정'과 '각종 금품청산책임'의 한계를 명시하도록 지도하였다. 이에 대해 정당한 이유 없이 불응할 때는 정리기업의 인수자 자격을 박탈하도록 하였다. 양 당사자 간의 계약에 의해 고용 문제 해결이 어려울 때는 산업정책심의회에 상정하기 이전에 노동부에 사전 협의하도록 하였다.

6 대한방직협회(1997: 224~226).
7 차동세·김광석 편(1995: 459~461).

구조조정 기업의 인수계약이 성립된 후에도 인수자가 정당한 이유 없이 고용승계를 불응할 때는 부당해고로 법적 제재를 가하도록 하였다. 한편, 해고가 부득이하다고 인정될 때는 노사협의를 통해 자율해결 방안을 모색하고, 실직자에 대한 전직훈련과 재취업 대책을 강구하도록 하였다.

2. 임금: 전 산업과 섬유산업

1) 전 산업의 임금격차

(1) 상용노동자의 임금 추이

상용노동자의 실질임금은 1970년 전반에 점증하다가 후반에 급증하였고, 제2차 석유파동 영향으로 1980년대 초반 감소하였으나 이후 서서히 증가하다가 후반에 노동운동 고양의 영향으로 급증하였다(그림 2-5). 중동특수 시기인 1976년, 1977년, 1978년의 전년 대비 증가율은 각각 16.9%, 20.4%, 18.0%이며, 노동운동 고양 시기인 1989년에는 14.8%였다. 1970년 월평균 24만 3천 원이었던 실질임금은 1978년에 50만 9천 원, 1990년에 105만 4천 원, 2000년에 175만 3천 원으로 8년, 12년 만에 각각 두 배, 10년 만에 70% 증액되었다.

(2) 산업별 임금격차

임금격차는 축소되고 있었으나 산업별로는 양상이 달랐다. 전기·가스와 금융보험·부동산 산업의 1970년의 명목임금의 지수는 모두 206이었지만 1994년에는 100 가까이까지 감소하였다(그림 2-6). 건설업은 건설 부문이 이끈 중동

그림 2-5 명목임금과 실질임금(2000=100, 1970~2000)

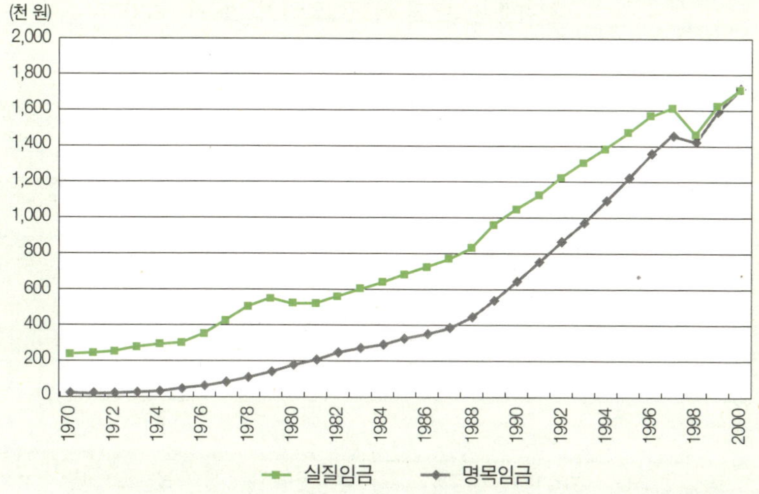

주: 1) 명목임금: 상용노동자 10인 이상 사업소 중 상용노동자 일인당 월평균.
2) 실질임금=명목임금/소비자물가지수(2000=100)×100.
자료: 노동부, 『매월노동통계조사보고서』.

그림 2-6 산업대분류별 명목임금 격차(전비농업=100, 1970~2000)

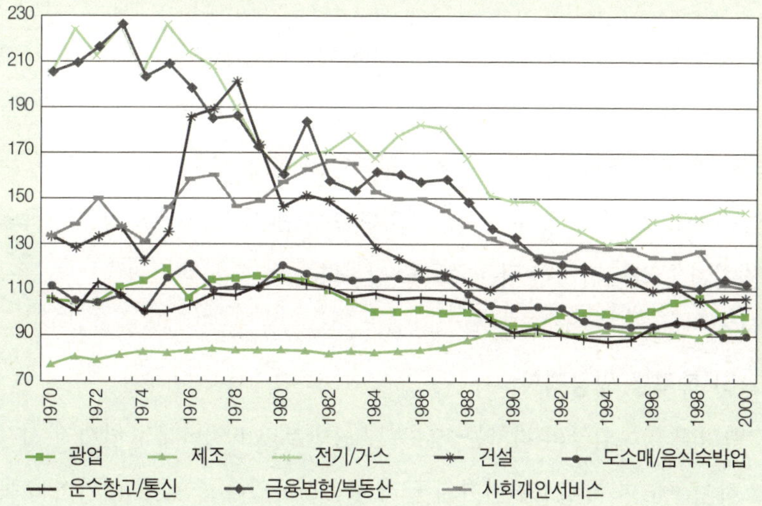

자료: 노동부, 『매월노동통계조사보고서』.

그림 2-7 학력별 명목임금 격차(대졸=100, 1971~2000)

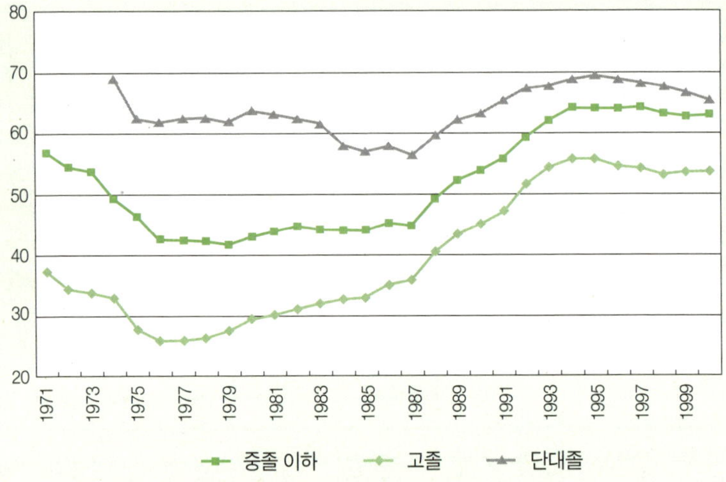

주: 중졸 이하는, 1980~2000년에 초등졸 포함.
자료: 1971~1979년은 노동부, 『직종별 임금실태조사보고서』, 1980~2000년은 노동부, 『임금구조기본통계조사』.

특수의 영향으로 1976년 급증한 뒤 1980년 원래의 수준으로 돌아갔다. 사회개인서비스 산업도 1982년까지 증가한 뒤 감소하였다. 광업, 도소매·음식숙박업, 운수창고·통신산업 지수는 점차 하락한 반면 1970년 지수 78로 낮은 수준이었던 제조업지수는 꾸준히 상승하였다. 1970년 이후 전 산업 평균 명목임금의 격차가 급격히 감소한 점은 주목할 만하다.

(3) 학력별 임금격차

학력별 명목임금의 격차는 1970년대 중반부터 1980년대 중반까지 서서히 축소하여 1987년 이후 1994년까지 급격히 축소하였다(그림 2-7). 여기서 주목할

그림 2-8 사업체 규모별 명목임금 격차(500인 이상=100, 1980~2000)

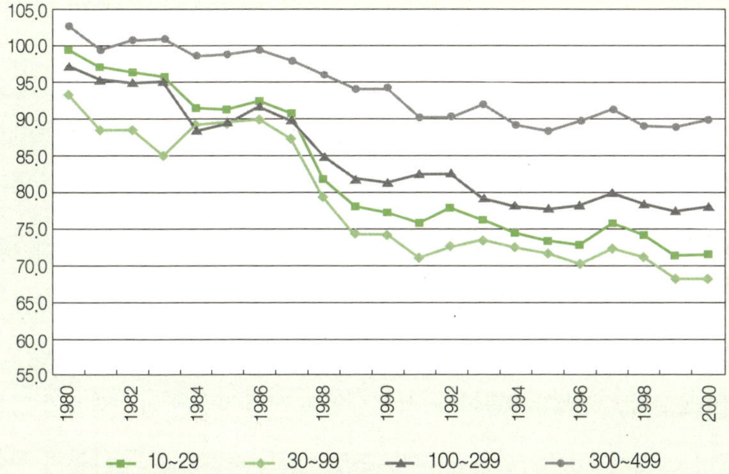

주: 1975~1979년의 300~499인은 100~299인을 포함.
자료: 1975~1979년은 노동부, 『직종별 임금실태조사보고서』, 1980~2003년은 노동부, 『매월노동통계조사보고서』.

것은 1994년 이후 대졸에 대한 전문대 졸업이나 중졸 이하의 임금격차는 약간 확대되었지만 고졸의 경우는 축소하였다. 이에 비해 사업소 규모별 명목임금의 격차는 500인 이상 규모에 대한 10~29명 규모 사업소의 경우 1984년에 한 번 축소되었지만 그 이후는 계속하여 확대되었다(그림 2-8). 특히, 100~299명, 10~29명 규모 사업소의 경우는 1987년 이후 격차가 급격히 확대되었다.

따라서 1980년대 중반 이후 학력별 임금격차는 축소되었지만 규모별 임금격차는 확대되었다. 즉, 1987년 이후 같은 학력이라 하더라도 어떤 규모의 기업에 취직하는가에 따라 생애소득의 격차가 확대되는 구조가 형성되었던 것이다.

2) 노동생산성과 실질임금

(1) 섬유산업의 노동생산성과 실질임금

해방 후 한국경제 재건기를 견인하였던 섬유산업의 노동생산성과 실질임금은 어떻게 변화하였을까? 섬유산업의 노동생산성은 다행히도 『방협50년사』 통계편의 자료를 통해 해방 직후부터 추계가 가능하다. 면사, 화섬사, 혼방사를 포함하는 섬유산업의 제품생산량은 그림 1-5에서 얻을 수 있다. 여기에서 유의할 점은 화섬사의 생산량은 1956년부터, 혼방사의 생산량은 1965년부터 확인된다는 점이다. 이 추계의 장점은 한 산업의 연간 노동력투입량(작업인원누계)을 확인할 수 있다는 점이다. 섬유산업의 실질임금은 섬유제조업 명목임금총액(『노동통계연감』)을 물가지수(한국은행 http://ecos.bok.or.kr)로 나누어 계산하였다.

섬유산업 전년 대비 연평균 노동생산성 증가율은 1950년 면사생산량의 감소, 1953년 면직물생산량의 감소를 반영하여 감소하였고, 1950년대 후반에는 면직물과 면사생산량의 감소를 반영하여 감소하였다(그림 2-9). 1960년대 전반에는 면직물생산량의 빠른 증가와 면사생산량의 지속적인 증가가 노동생산성 증가로 이어졌고, 1960년대 후반에는 면직물생산량의 감소가 반영되어 노동생산성 감소로 나타났다. 1969~1971년은 면사 및 화섬사의 생산량 증가에 따라 노동생산성이 증가하였고, 이후에는 화섬사와 면직물의 생산량 감소에 따라 노동생산성이 감소로 나타났다. 1970년대 중반에 섬유산업의 노동생산성이 상승하나 1980년 이후 지속적으로 감소하고 있다.

섬유산업의 실질임금 상승률은 성장기인 1970년대에는 노동생산성 증가율을 웃돌다가 불황기인 1980년대 초에 밑돌았다. 1980년대 전반에는 실질임

그림 2-9 섬유산업 전년 대비 연평균 노동생산성 및 실질임금(1948~1996)

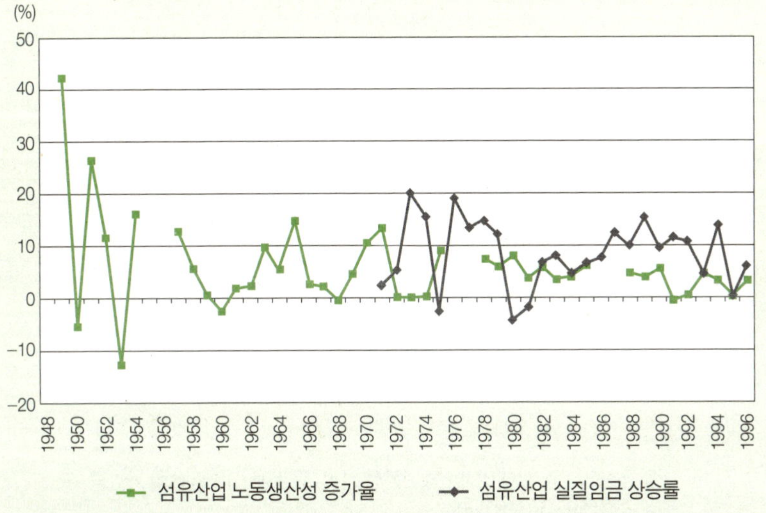

주: 본문 참조.
자료: 대한방직협회(1997), 『방협50년사』; 노동부, 『노동통계연감』, 각 연도; 한국은행(http://ecos.bok.or.kr).

금 상승률과 노동생산성 증가율이 비슷한 수준이다가 1980년대 중반 이후 실질임금 상승률이 노동생산성 증가율을 웃돌고 있다.

(2) 실질임금 상승률의 노동생산성 증가율 초과는 부당한가?

이상에서 섬유산업 노동생산성 증가율은 해방 직후에 변화가 심하다가 1970년대 전반 이후 서서히 감소한 반면에, 섬유산업 실질임금 상승률은 성장기와 노동운동이 고양된 1987년 이후 노동생산성 증가율을 웃돌고 있다는 것이다. 이러한 결과는 김동석·이진면·김민수(2002)의 추계에 기초하여 1987년 이후 실질임금 상승률이 한계노동생산성을 웃돌고 있다는 점을 지적한 박덕

제(2005)와 부합한다. 그렇지만 이러한 주장에 대해 박기성·안주엽(2004)은 김동석·이진면·김민수(2002)의 추계를 새롭게 해석하여, 첫째 1963~2000년 동안 실질임금 상승률과 한계노동생산성 증가율이 전반적으로 유사하고, 둘째 1987년을 기점으로 기간을 나누어 보면 이전에는 실질임금 상승률이 한계노동생산성 증가율에 못 미치나 이후에는 실질임금 상승률이 한계노동생산성 증가율을 웃돈다는 점을 지적한다. 즉, 두 수치의 차이(실질임금 상승률–한계노동생산성 증가율)가 1963~1986년에는 –5.2%이고 1987~2000년에는 2.6%였다는 추계를 근거로, 1987년 이후의 실질임금 상승이 노동 수요곡선을 벗어난 과도한 임금인상이라고 할 수 없다고 주장하였다. 이러한 주장은 전년 대비 방적노동생

그림 2-10 **섬유산업 전년 대비 방적노동생산성 증가율 및 면방실질임금 타결 상승률(1976~1989)**

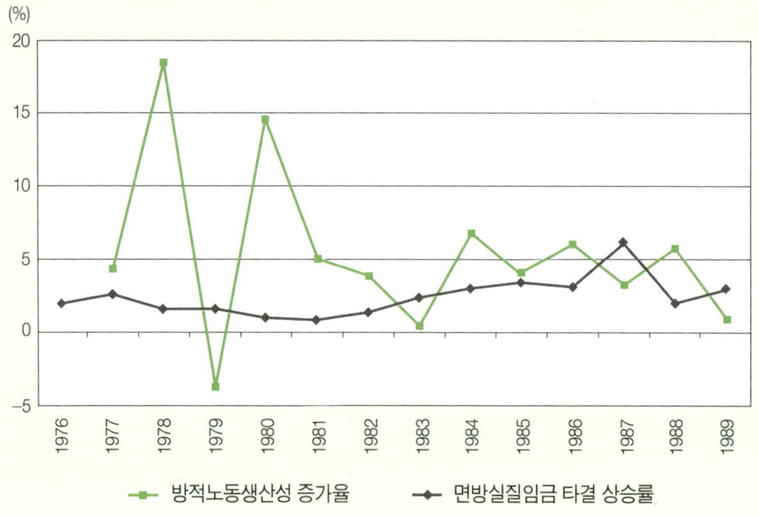

주: 노동생산성=면사생산량/작업인원누계.
자료: 대한방직협회(1997), 『방협50년사』; 노동부, 『노동통계연감』, 각 연도.

산성 증가율이 성장기 이후 점차 감소하고 있는 반면에, 면방업계의 노사 간의 전년 대비 실질임금 타결 상승률이 전체적으로 안정적이고, 조정기에 노동생산성 증가율과 비슷한 수준이라는 사실과 부합한다(그림 2-10).

제 2 부

한국경제 재건기(1945~1970) 노동자의 기여: 인재형성과 기술혁신

제3장

교육제도의 재편과 인재양성정책의 시행: 해방 직후

1. 신속한 교육제도의 재편

2. 인재양성정책의 체계적 시행

1. 신속한 교육제도의 재편

해방 직후 교육정책의 재편 과정과 기술교육에 대한 영향을 기존 연구에 기초하여 살펴보기로 한다.[1]

1945년 9월 10일에 내한하여 군정청의 교육 담당 학무국장으로 임명된 Earl, N. Lockard 육군 대위는 도착한 날에 당면한 교육 문제 해결을 위해 조선인 교육가 및 저명인사의 의견을 청취하였다.[2] 당면 문제란, 첫째 휴교중인 학교의 재개교, 둘째 일본인 관리 및 교사의 면직과 조선인 대체 임명에 관한 것이었다. 또한 군정청은 9월 16일에 조선교육위원회(Korean Committee on Education)[3]를 설치하고 위원들에게 자문을 구하였는데 그 분야별 위원은 다음과 같았다.[4] 즉, 초등교육 김성달(공립국민학교장), 중등교육 현상윤(사립중학교장), 전문교육 유억겸(사립기술학교장), 각급 교육 전반 백낙준(코리아타임스 이사), 여성교육 김활란(사립이화전문학교장), 고등교육 김성수(사립보성전문학교장),[5] 일반교육 최규동(사립중학교장), 의학교육 윤일선(서울의과대학장), 농업교육 조백현(수원농업전문학교장), 학계 대표 정인보(무직)이었다. 위원들 대부분은 조선인을 일본인으로 동화시키려 하였던 일제의 교육방침으로부터 자유롭지 못한 인물들이었다. 이들 전원은 장기적인 교육계획 수립을 위해 1945년 11월에 설치되었던 조선교육심의회(the National Committee on Education Planning)의 위원으로도 활동하는

1 한준상(1987), 신상준(1997), 한국직업능력개발원(1998).
2 신상준(1997: 396).
3 이 위원회는 당초의 목적이 달성되었다고 판단된 1946년 5월에 해산되었다(신상준, 1997: 397).
4 신상준(1997: 397).
5 김성수는 학무국장 고문으로 임명되었다가 1945년 12월 18일에 유억겸이 학무국의 한국인 국장으로 임명되자 조선교육위원회로 복귀하였다. 그는 1945년 10월 5일에 위촉된 11명의 군정장관 고문회 좌장이기도 하였다(신상준, 1997: 397).

등 해방 직후의 교육정책 수립에 중요한 역할을 담당하였다.

이러한 자문을 통해 수립한 교육정책은 1945년 10월 21일 학무통첩 325호 「학교에 대한 설명과 지시」로 구체화되었다. 그 주요 내용은, 첫째 학교정책은 당분간 기존 제도에 의거하여 운영하고, 둘째 고급 및 하급 교육관리는 각각 군정청장관과 학무국, 각 도의 학무과에서 임명하고, 셋째 학교의 재개교 및 초등·중등학교의 교과 과정을 편성하고, 넷째 교과서 문제 등 교육정책을 복구하는 것이었다.[6] 이러한 일련의 학교 재개교정책이 성과를 거두게 되었다. 초등학교는 1945년 9월 26일, 중등학교와 대학 및 전문학교는 같은 해 10월 1일에 재개교되었고, 다음 해 1월에는 모든 학교가 재개교되었다.[7]

이러한 재개교를 서두르는 가운데 군정청은 등록학생 수 170만 명을 대상으로 1945년 11월에 출판 완료한 교과서를 1946년 1월부터 3월까지 약 8,000km를 다니며 약 100만 권의 교재를 배부하였다.[8] 그 교재의 내용은 이솝이야기를 포함한 미국 학교의 교재를 발췌한 것이었고, 문체는 일제 시대의 종서에서 횡서로 바꾸었다.

이상과 같이 해방 직후의 교육정책은, 첫째 한국인의 역할이 주도적이지 못하였고, 둘째 그들이 식민지기의 교육정책에서 자유롭지 못하였으며, 셋째 학교제도를 그대로 복원하였다는 점에서 식민지의 유산을 물려받았다고 평가할 수 있다. 그런데 인물과 제도의 측면에서 식민지 유산을 이어가면서도 군정청이 강력한 의지를 가지고 재개교를 서둘렀으며, 미국의 영향이 강한 내용의 교과서를 보급하였다는 점 또한 간과할 수 없는 중요한 사실이었다.

6 신상준(1997: 408).
7 신상준(1997: 398).
8 신상준(1997: 401).

2. 인재양성정책의 체계적 시행

1) 기본정책과 운영주체

이상과 같이 해방 직후의 교육제도는 군정청에 의해 비교적 이른 시기부터 정비되어 갔다. 다음은 이러한 교육제도를 바탕으로 진행된 인재양성정책의 실태에 대해 살펴보자.

군정청은 1945년 12월 29일에 '미국으로의 유학생 파견과 국내에서의 연습생 양성'을 위해 '기술교육지도위원회'(이하, 위원회) 설치를 「군정청 광공국 지령」 제2호를 통해 지시하였다.[9] '위원회'는 이사장, 이사 2명(표 3-1), 그리고 서울대 문리과대학장인 이태규(李泰圭)를 포함한 위원 3명으로 구성되었다. 오정수(吳楨洙)는 상무부장의 직책으로 이사장을 역임하였는데, 미국의 대학을 졸업하였고 일제 시대에는 회사를 운영하였으며 1950년대 이후에도 기업활동을 하였다. 박동길(朴東吉)은 당시 2대 국책연구소 중 하나인 지질광산연구소장 자격으로 이사를 역임하였는데, 일제 시대에는 경성광산전문학교 교수와 중앙시험소 기사를 지냈고 '위원회' 이사를 지낸 이후에는 학계를 중심으로 활동하였다. 안동혁(安東赫)은 '위원회'의 목적을 구체화시키는「재단법인 공업기술교육진흥회규약」,「공업기술자검정시험실시요강」,「실무기술자양성요강」의 초안을 만드는 등 위원회에서 가장 활발한 활동을 하였고, 기술양성의 여론화 작업에도 적극적이었다.[10] 또한 안동혁은 일제 시대에는 박동수보다 먼저 중앙시험소의 기사로 지내면서 화학공업을 중심으로 과학을 소개하는

9 군정청 상무부(1946년판).
10 안동혁(1946).

표 3-1 기술교육지도위원회 이사 약력

성명	오정수		안동혁		박동길	
직책	이사장(상무부장)		이사(중앙공업연구소장)		이사(지질광산연구소장)	
생년	1899년생		1906년생		1897년생	
학력	미국 MIT 졸업		일본 구주대학 응용화학과 졸업		일본 동경대학 이학부 졸업	
주요 경력	1939년	만주곡물주식회사 사장	1938년	조선총독부 중앙시험소 기사 겸 경성고등공업학교 교수	1937년	경성광산전문학교 교수
	1948년	국제연합한국협회 대표	1953년	상공부 장관	1938년	경성광산전문학교 전수과장 겸 경성고등공업학교 강사
	1949년	대한교역공사 이사	–	유네스코 한국위원회 위원	1941년	조선총독부 중앙시험소 기사
	1951년	대한무역진흥주식회사 사장	1961년	고려대 명예이학박사	1946년	대한광업회 고문
	1960년	체신부 장관(5~6월)	–	한양대 공과대학 교수	1946년	대한지질학회 회장
	1960년	상공부 장관(6~7월)	–	대한화학회 회장	1947년	서울대 공과대학 교수
			–	학술원 부회장	1949년	중앙지질광물연구소 소장
					1951년	문교부 과학기술교육위원회 위원

자료: 한국역사정보통합시스템(http://www.koreanhistory.or.kr).

강연회 활동에도 적극적이었다.[11] 그는 해방 직후 지질광산연구소와 함께 2대 국책연구소의 하나인 중앙공업연구소의 소장과 '위원회' 이사를 지낸 뒤에는 상공부 장관을 거쳐 학계를 중심으로 활동하였다.

위원회에서는 해방 후 기술양성정책에 관한 중요 사안들이 논의되고 결정되었다. 제2회(1946년 2월 1일) 이사회에서 양성정책의 핵심이 되는 「재단법인

11 『동아일보』, 1933년 10월 18일, 1933년 10월 24일, 1934년 4월 19일, 1934년 11월 27일, 1936년 3월 7일(http://www.koreanhistory.or.kr에서 검색함. 이하 신문자료는 같은 사이트에서 검색함). 이와 같은 강연 이외에도 「五感의 과학」, 「과학 '데이'의 유래」 등 과학 개념을 보급하기 위한 글도 다수 발표하였다(『동아일보』, 1939년 3월 5일, 1939년 4월 18일). 한편, 그는 신규제로 바뀐 뒤의 휘문고 제1회 다섯 명 우등 졸업생 가운데 한 명이기도 하였다(『동아일보』, 1923년 3월 20일).

공업기술교육진흥회규약」(이하, 규약) 초안이 제시되어 그 내용도 확정되었다. '규약'에서 밝힌 목적은 '1. 해외에 유학생 및 연구생 파견, 2. 국내 이공계 학교 재학생에게 학자금 급여 및 대여, 3. 국내 공업기술교육기관의 운영 또는 조성, 4. 국가적 과학연구에 대한 조성 및 상 수여'이었다. '진흥회' 사업비 및 경비는 국가보조금 및 하부금(下付金), 기부에 의한 금품 및 권리, 재산에서 발생한 수익 등으로 충당되었다. 한편, 이사장은 군정청 상무부장이 맡았고, 상무이사, 이사, 감사, 평의원은 군정장관이 임명하였다.

이상과 같이 해방 직후의 양성정책은 군정청의 지시에 의해 시작되었지만, 그 정책을 운영하는 실질적인 주체는 일제 시대부터 기술양성 관련 활동을 해왔던 한국인이었다. 더욱이 중앙기술연구소와 국립대학인 서울대를 연계한 양성 시스템을 그대로 이용하였다. 또한 고학력 기술자를 선발하여 미국으로 파견하여 기술양성의 고도화를 추구하였다. 또한 다수의 기술자들은 1950년대 중반 이후 미국으로 유학하였고 1950년대 후반 이후에 다수 귀국하기 시작하였다.[12] 이하에서는 인재양성정책의 보다 구체적인 내용과 실태에 대해 살펴보기로 한다.

2) 체계적 인재양성정책 시행

(1) 해외파견

기술자 해외파견정책은 제1회(1946년 1월 16일) 이사회에서 이미 논의되기 시작하였다. 즉, 서울대와 '공전'의 공업 관련 각 학과에서 미국 교수를 각 1명

12 예를 들어, 전기 기술자가 미국에서 기술을 습득하여 귀국한 사실(『동아일보』, 1956년 2월 7일) 등의 파견 기술자 귀국에 대한 보도를 찾는 것은 그리 어렵지 않다.

씩을 초빙하는 건과 미국행 유학생의 선발 대상, 견습생(養成生)의 선발 대상과 시험일시, 과목, 장소에 대해 논의하였다(군정청 상무부, 1946년판, 이하 같음). 이사회에서는 미국 유학생 선발 기준과 유학 방식에 대한 기준도 결정하였다. 전문학교 졸업자는 '미국 공업대학' 1학년부터 수학하게 하고, 대학 졸업자는 '미국 대학' 3학년이나 4학년에 수학하게 하였다. 두 부문의 비율은 7:3으로 결정하였다. 이러한 기술교육을 위한 미국 파견은 위원회의 예산으로 보냈던 초기 파견과 1950년대 원조 확대에 따른 파견으로 구분할 수 있는데, 구체적으로는 다음과 같다.

첫째, 초기의 파견은 필기시험(영어, 수학, 물리학), 구두시험, 신체검사를 통해 선발하였다. 제1차 합격자는 유학생 중 관비가 10명(지원자 96명), 자비가 14명(11명)이었고, 견습생 중 관비가 10명(56명), 자비가 1명(4명)이었다.[13] 자비유학생 합격자 수가 수험생 수보다 많은 것은 관비수험자의 지원 변경을 받아들여 합격시켰기 때문이었다.

둘째, 1950년대 가장 큰 원조자금이었던 ICA는 1953년부터 미국 워싱턴의 국제협조처(International Cooperation Administration: ICA)와 주한미경제협조처(United States Operations Mission to the Republic of Korea: USOM)라는 두 기관의 운영에 의해 시작되었다.[14] 1955년부터 1961년까지 각 연도의 인원과 금액은 1958년을 제외하면 각각 250명 내외, 1,200천 달러 내외였다(표 3-2). 부문별로는 광공업 부문에서 가장 많은 인원을 파견하였고, 다음은 공공행정, 농업/자연자원, 교육, 교통, 사회후생/주택, 보건위생 순이었다. 총파견비용은 ICA 원조 전체 금액 1,738,358천 달러(시설재 484,858천 달러, 원자재 1,253,500천 달러)에 비하면 적은 금액

13 군정청 상무부(1946년판).
14 홍성유(1962: 43).

표 3-2 ICA 기술원조자금에 의한 해외파견 실적(1955~1961)

(단위: 천 달러)

	1955		1956		1957		1958		1959		1960		1961		계	
	인원	금액	인원	금액	인원	금액	인원	금액	인원	금액	인원	금액	인원	금액	인원	금액
농업/자연자원	20	72	24	85	35	181	73	270	55	241	44	174	51	96	302	1,119
광공업	91	425	74	354	67	303	116	401	77	361	63	330	80	123	568	2,297
교통	33	118	26	111	32	131	20	92	22	104	16	83	12	49	161	688
보건위생	5	29	11	52	10	61	21	112	23	118	19	89	9	17	98	478
교육	68	429	50	346	49	251	20	70	18	97	13	76	19	90	237	1,359
공공행정	31	137	43	225	65	337	73	346	34	208	56	225	38	73	340	1,551
사회후생/주택	3	14	–	–	9	40	50	120	31	98	13	55	7	13	113	340
기타	–	–	5	17	10	62	15	115	12	89	2	15	5	15	49	313
계	251	1,224	233	1,190	277	1,366	388	1,526	272	1,316	226	1,047	221	476	1,868	8,145

주: 기타의 1956년에 노동 부문 포함.
자료: 홍성유(1962: 78).

이었지만, 시설재 원조와 연관시켜 파견하였다는 점에서 본다면 기술축적의 성과를 낮게만 평가할 수는 없다.

(2) 검정시험

검정시험에 관한 실질적인 논의는 제2회 이사회에서 시작되었다.[15] 즉, '만주, 북지(北支, 중국의 북부 지방), 일본에서 유학하던 학생'들 중에서 검정시험을 통과하고 추가교육을 마친 자에게는 위원회에서 증서를 수여하기로 하였다. 구체적으로는 공업전문학교 갑종 및 을종 졸업 정도의 시험을 통과한 자에게 교육 과정 없이 증서를 수여하였다. 공업전문학교 갑종 및 을종 1, 2년 정

15 군정청 상무부(1946년판).

도의 시험을 통과한 자 또는 공장에서 근무경험이 있는 자의 경우에는 1, 2년간의 학교교육을 마치면 증서를 수여하기로 하였다.

또한 국내의 '공업에 종사하는 자 또는 종사하고자 하는 자'를 위해서는 제3회(1946년 2월 11일) 이사회에서 매년 2회 실시하기로 한 '공업기술자검정시험실시요강'을 통해 구체화되었다. 즉, 공업학교 졸업 정도의 자격을 부여하는 시험의 수준은 수업연한 4년의 공업학교 졸업 정도이고, 시험대상자는 국민학교 졸업자로 전문직장에 3년 이상 근무한 자였다. 공업전문학교 졸업 정도의 자격을 부여하는 시험의 수준은 수업연한 3년의 공업전문학교 졸업 정도이다. 시험대상자는 중학교 또는 수업연한 4년 이상의 공업학교 졸업자로 전문직장에 3년 이상 근무한 자이거나 공업학교 졸업 정도의 검정시험을 합격한 자이었다. 공업대학 졸업 정도의 자격을 부여하는 시험의 수준은 수업연한 4년의 공업대학 졸업 정도이었고, 시험대상자는 공업전문학교를 졸업한 자로 전문직장에 3년 이상 근무한 자이거나 공업전문학교 졸업 정도의 검정시험에 합격한 자였다.

검정시험은 다양한 학력과 경험의 소유자에게 일관된 자격을 부여하여 체계적으로 기술자를 공급하기 위해 시행된 것이었다. 제1회 시험은 1946년 9월 16일부터 21일까지 개최되어, 당시 가장 부족하였던 전기 부문 합격자가 가장 많았고, 토목, 기계가 그 뒤를 이었다(표 3-3).[16]

(3) 단기양성

단기양성은 숙련노동자 중 소질 있는 자를 속성으로 훈련하여 중간기술

16 이 밖에도 통신무선사의 검정시험 시행(『동아일보』, 1950년 4월 24일) 등이 확인된다.

표 3-3 제1회 공업기술자 검정시험 결과(1946년 2월)

		화학	기계	전기	토목	건축	광산	야금	지질	계
지원자	공업학교 졸업 정도	2	7	31	7	0	1	1	0	49
	공업전문학교 졸업 정도	2	3	6	5	0	2	0	1	19
	계	4	10	37	12	0	3	1	1	68
합격자	공업학교 졸업 정도	0	3	8	3	0	1	0	0	15
	공업전문학교 졸업 정도	2	1	4	4	0	1	0	1	13
	계	2	4	12	7	0	2	0	1	28

주: 합격자 수는 한 과목 이상 합격한 자의 수.
자료: 남조선과도정부상무부(1947년판: 259).

자를 만들기 위해 시행되었다.[17] 그 구체적인 정책은 제9회(1946년 9월 19일) 이사회에서 논의되었고, 제10회(9월 26일) 이사회에서 「실무기술자양성요강」이 마련되었다. 이 요강은 '국민학교를 졸업한 자로 광산 및 공장 사업장에서 3년 이상 근무하고 심신과 재능이 우수하다고 인정하여 도지사 및 서울시장이 추천하는 자'를 대상으로 과목별 30명을 모집하였다. 양성기간의 계획은 1947년 2월 1일부터 3월 31일까지였으나 계획과 달리 실제로는 6개월간 시행되었다. 염색, 방직, 기계공작, 전도, 도자기, 제지, 기관취급, 목공 및 도공(塗工)은 중앙공업연구소, 전기공작은 경성전기, 채광, 선광, 시금술은 지질광산연구소에서 시행되었다.

단기양성은 방직 부문의 경우 중학교육을 1개월간, 실습교육을 5개월간 실시하였다(표 3-4). 기계 부문의 경우 교재 지급과 더불어 식료보조금도 지불

17 박문규 · 안동혁 · 박경수(1946: 15).

표 3-4 단기기술양성소 운영 실태(1947)

	방직	기계
입소자격		18~30세의 중학교 3년 수료 또는 초등학교 졸업자로 기계공장 경험 3년 이상이고 중요 기계공장 책임자의 추천받은 자
기간	6개월: 학술(중학교육) 1개월 / 실습 5개월	6개월
예산	9,087,800원	8,987,500원
특전		식료보조금(월 2,000원), 교재 지급
경과	지원접수 개시(1947년 10월) → 입소생 전형위원 및 강사 위촉 → 교재/원고 수집 → 전형고사(11월) → 선발(지원자 818명 중 493명 합격) → 개강(12월 1일)	서울지구양성소: 개소식(1947년 11월 17일) → 개강(11월 20일) 인천지구양성소: 개소식(1947년 11월 26일) → 개강(11월 27일)
양성과/인원	면방적/면직포(270), 견직포(74), 메리야쓰(50), 염색가공정리(36), 마방(15), 모방(15), 견방적(6): 총 446명	기계공작(120), 주조(120), 열처리(40), 공구(40), 연마(40), 압연(20), 신철(20): 총 400명
장소 – 학술	기관(서울대 공과대학, 중앙공업연구소), 공장(고려방직 영등포, 대한방직 영등포, 동양방적 경성, 경성방적 영등포, 동양방적 인천, 조선방직 부산, 조선제마 인천, 조선모직 밀양)	서울: 有恒분소, 착암기분소, 重機분소 인천: 조선기계분소, 조선강업분소
장소 – 실습	기관(서울대 공과대학, 중앙공업연구소), 공장(대구방적, 고려방직 영등포/춘천/전주, 대전오와, 대한방직 영등포, 동양방적 경성/인천, 경성방적 영등포, 경성방직 의정부, 조선방직 부산, 동양제사방직 경성, 목포직물, 선일견직 수원, 조선직물 수원/안양, 조선제마 인천, 조선모직 밀양, 동아면업 부산)	

자료: 남조선과도정부 상무부(1947년판: 168~169, 188~190).

하는 특전을 주었다. 방직 부문의 경우 지원접수를 개시한 뒤에 강사를 위촉한다는 점이 의문스럽지만, 지원접수에서 개강까지 2개월이 소요되었다. 각 부문의 교육인원은 방직 부문의 경우 당시 제품의 비중이 가장 높은 면방적 및 면직포 270명을 시작으로 총 446명을 교육시켰고, 기계 부문의 경우에는 기계공작 및 주조 각 120명을 시작으로 총 400명을 교육시켰다. 기계 부문은 교육장소가 서울과 인천 두 곳에 한정되었지만, 방직 부문은 학술교육과 실습교육 모두 서울대, 중앙공업연구소를 비롯하여 각 지역의 주요 공장을 교육장소로 활용하였다.

이상과 같이 해방 직후의 인재양성정책은 전문학교 졸업 이상인 자를 미국으로 '파견'하고, 다양한 형태로 학교교육을 받은 자들을 '검정시험'을 통해 일관되게 관리하였으며, '단기양성'을 통해 숙련노동자를 중간기술자로 전환시키려는 뚜렷한 방침에 입각하여 추진되었다.[18] 이러한 인재양성정책은 1949년 기술교육원 신설로 그 주관부서가 문교부로 이전되어 좀 더 포괄적이고 안정적인 모습을 갖추어 나가게 되었다.[19]

18 기술자 양성을 위한 이와 같은 정책 이외에도 기술 향상을 위한 출판물 발행을 추진하였다. 즉, 첫째 관청, 각 회사, 공장, 광산 사업장의 저명한 기술자에게 기술 향상에 필요한 의견과 경험 등을 집필하여 출판하고, 둘째 기계·방직·화학 제품 등 약 200종류에 대해 종업원 및 학생에게 참고가 되도록 실제 제작방법 해설서를 발간하도록 하고, 셋째로는 공업국, 광무국, 토목부 등에 의뢰하여 「현장출장복명서」 등의 수집을 통해 공장, 광산, 사업장에 관한 내용을 풍부히 게재하여 각 업계 간의 장점을 교환하고 외국의 공장 및 광산에 대한 정보도 소개할 것을 계획하였다(군정청 상무부, 19).

19 기술교육원 설치는 기술교육위원회의 안동혁 이사와 후에 부원장이 된 이희승(李喜承)의 주장에 의해서도 강력하게 추진되었다(안동혁, 1948; 이희승, 1949). 결국 기술교육원은 대통령령 공포(1949년 3월 12일)로 신설되었는데, 농업을 제외한 모든 부문에 필요한 기술자를 단기에 양성한다는 이전의 양성정책 목적을 계승하였다. 즉, 기술교육원 직제에 '기술교육원은 학교·연구소·공장 기타 생산기관에서 신청이 있을 때에는 기술원양성소를 부설하여 생산에 필요한 기술자에게 직접 생산에 필요한 기술을 교육'하고, '기술원양성소를 부설한 기관에서 신청이 있을 때에는 인건비 在所生의 식비·소모품 및 시설의 수선유지에 필요한 경비를 보조'한다라는 조항이 명기되었다. 이 교육원은 상공·문교·국방·체신·재무·내무 각부 관련 기술자 4,200여 명을 양성하려고 1949년도 예산으로 1억 8,000여만 원을 신청하였고, 이 교육원에 대해 미국경제협조처(ECA)에서도 큰 관심을 보이고 있어 전폭적인 원조를 계획 중에 있다고 당시 신문은 보도하고 있다(『서울신문』, 1949년 3월 12일; 『연합신문』, 1949년 3월 12일, 13일).

제4장

설비투자와 기술혁신: 1950년대

1. 원조와 설비투자

2. 설비투자와 기술혁신 사례

3. 기술혁신의 성과

1. 원조와 설비투자

1) 부문별 원조도입액 추이

해방 직후~1950년대의 기술혁신은 교육제도와 인재양성정책뿐만 아니라 원조도입을 통해서도 이루어졌다. 먼저 부문별 원조도입액의 변화를 통해 원조의 성격을 재고하고자 한다. 당시의 원조는 시설재 부문보다 원자재 부문에 치중되어 있었다는 점은 잘 알려져 있다. 이러한 사실은 그림 4-1과 그림 4-2의 총도입실적액을 비교하면 쉽게 알 수 있다.

그림 4-1 원자재 부문별 원조도입 실적(1945~1961)

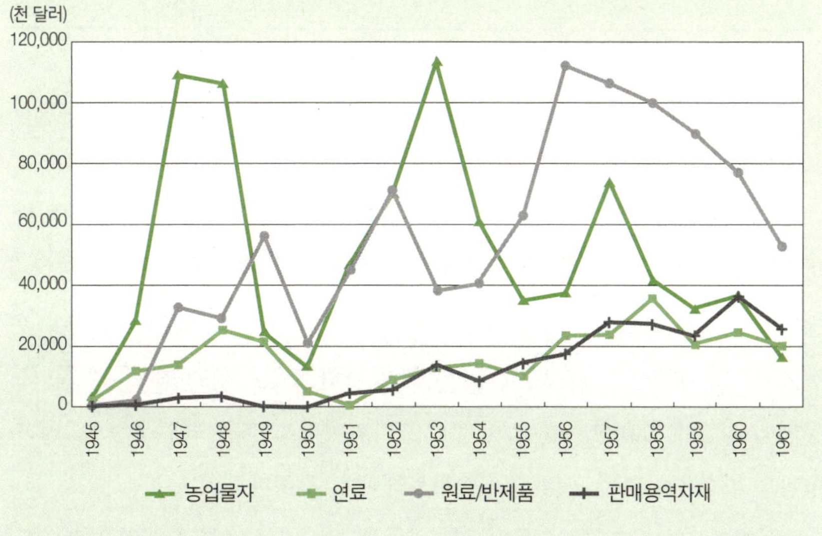

주: ICA 구분을 기준으로 GARIOA, ECA, SEC, CRIK, UNKURA 실적을 재합산.
자료: 홍성유(1962: 49, 52~53, 56, 60~62, 75~77).

그림 4-2 시설재 부문별 원조도입 실적(1945~1961)

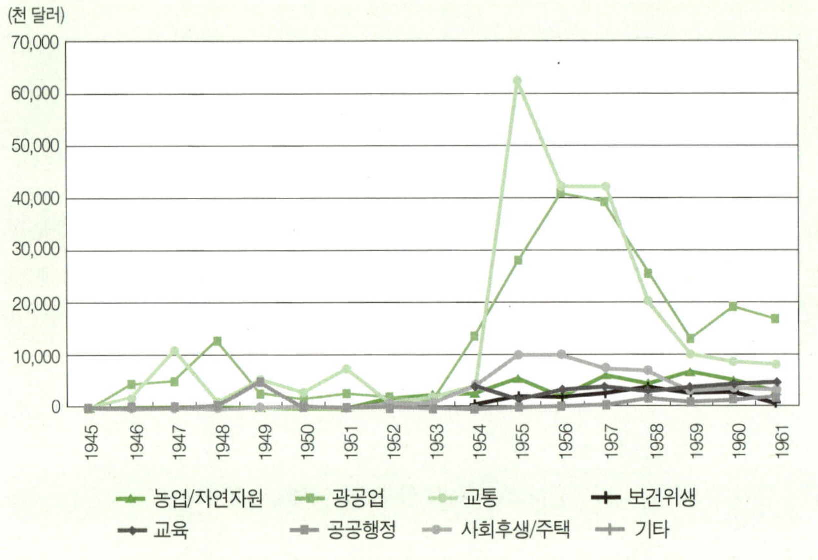

주: ICA구분을 기준으로 GARIOA, ECA, SEC, CRIK, UNKURA 실적을 재합산.
자료: 홍성유(1962: 49, 52~53, 56, 60~62, 75~77).

그렇지만 원자재 부문의 내용을 들여다보면 다른 양상을 확인할 수 있다. 먼저 식료품과 농업용 공급품 등으로 구성된 농업물자는 해방 직후와 한국전쟁기에 큰 비중을 차지하였으나, 1953년 이후 급격히 감소하였다(그림 4-1). 한편, 원료 및 반제품은 1950년대 중반까지 증가하고 있어 원자재 부문이더라도 공업의 재건에 필요한 부문이 꾸준히 증가하였다. 1955년 이후에는 농업물자 항목의 비중을 능가하고 있는 점을 주목해야 할 것이다.

시설재 부문은 철도가 절대적인 비중을 차지하는 교통 부문과 1955~1956년과 1957~1958년의 각 기간 최대 비중을 차지하였던 전력 및 제조가공을 포함한 광공업 부문에서 1950년대 중반에 도입액이 급격히 증가하고, 1950년대 후반에는 반대로 급격히 감소하였다(그림 4-2).

2) 미국으로부터의 설비와 기술의 도입

다음은 기술도입의 경로가 일제 시대의 일본에서 해방 직후~1950년대에는 어떻게 변화하였는가에 대해 살펴보기로 한다. 이에 관해 전반적인 실태를 알 수 있는 공간자료가 없기 때문에 당시의 신문보도를 통해 살펴보기로 한다.[1]

당시 한국은 대만, 오스트리아, 프랑스에서도 기술을 도입하였으나 그 건수는 각 1건이었고, 대부분 미국에서 도입되었다. 서독이 다음을 이었고, 일본으로부터도 1950년대 후반 이후 도입이 늘어나기 시작하였다.[2]

미국으로부터의 기술도입은 해방 직후 전력시설을 복구하는 과정에서부터 시작되었다. 예를 들면, 1948년 5월 14일 북한으로부터 송전이 중단된 직후인 6월 23일에 전력 문제 해결을 위해 미국의 전기기사급 7명(공병대 기사, 듀켄 전력회사 기사, 코네티컷전력회사 기사, 디트로이트 애디슨전기회사 前기사, 수력 및 지리학자, 캔자스주 파이오니아탄광회사 사장, 필라델피아 육군 부두국장)이 5~6주의 시찰을 위해 한국을 방문하였다. 전력공급자인 민간전기회사 관계자와 수요자의 대표격인 상공회의소 대표와 면담하고 각 지역을 방문하며 발전 현황 및 화력

1 기술도입에 관한 기사는 한국역사정보통합시스템(http://www.koreanhistory.or.kr)에서 '기술'이라는 키워드를 입력하여 검색된 결과 중 신문 부문의 2,995건 중에서 제목을 기준으로 하여 추출한 뒤 각국별 도입 현황으로 분류하였다.

2 기사의 내용이 중복되는 것이 있어 미국, 서독, 일본으로부터의 기술도입 건수를 확정하는 것은 용이하지도 않고 의미도 없다고 판단되어 여기서는 그 경향을 설명하는 것으로 서술을 제한하려 한다.

발전소 건설의 여건을 조사하였다.[3] 이렇듯 해방 직후부터 시작된 미국으로부터의 기술도입은 원조 과정에서 더욱 증가하였다. 이하에서는 당시 원조 과정을 통해 건설된 문경시멘트공장, 인천판유리공장과 더불어 3대 중점산업 공장의 하나인 충주비료공장의 건설 과정을 살펴봄으로써 1950년대 미국으로부터의 설비와 기술의 도입 과정에 대해 구체적으로 검토하고자 한다.

2. 설비투자와 기술혁신 사례

1) 신규설비: 충주화학비료공장의 건설과 가동

(1) 중점산업과 충주화학비료공장

1950년대의 중점산업은 전력 및 탄광업의 에너지산업과 건축, 그리고 농업 증산을 위한 시멘트·판유리·비료 산업이 선정되었다.[4]

시멘트와 판유리는 각종 산업시설과 주택, 교량, 도로, 수리시설 건설을 위해 절실하게 필요하였다. 화학비료의 경우 식량 증산에 불가결한 것이었음에도 불구하고 일제 시대 총생산의 90%를 차지하였던 흥남비료공장이 북한 지역에 소재하여 공장건설의 필요성이 더욱 절실하였다. 문경시멘트공장은 1955년 11월, 인천판유리공장은 1956년 2월에 각각 덴마크와 파나마의 건설회사에 의해 공사가 시작되어 모두 1957년 9월에 준공되었다. 한편, 충주화학비료공장은 미국 건설회사(McGraw-Hydrocarbon사)에 의해 1955년 9월에 시공되었지

3 한국산업은행 조사부(1955: 244); 『동아일보』, 1948년 6월 24일, 29일, 7월 1일, 13일, 20일.
4 김성조(2002: 19~26).

만 1961년에 준공하게 되었다.

충주비료공장의 건설비는 34,749천 달러로 문경시멘트(8,992천 달러)의 약 4배였고, 인천판유리공장(3,205천 달러)의 약 10배에 해당되었다. 이렇듯 막대한 원조액을 확보하는 과정이 충주화학비료공장의 건설 지연 이유였다.

(2) 원조자금과 기업 선정

충주화학비료공장의 건설은 1953년 UNKRA(United Nations Korean Reconstruction Agency)가 원조자금 100만 달러를 확보함에 따라 미국 회사 C.C.C.(Chemical Construction Corporation)에게 건설부지 선정을 포함한 기술예비조사를 위촉하면서 시작되었다. 충주 지역을 공장부지로 선정한 이유는 공업용수, 전력, 원료탄이 확보되고 생산된 제품의 운송도 용이한 위치였기 때문이었다.[5] 한편, 또 다른 원조기구인 FOA(Foreign Operation Administration)는 1954년도 원조자금 2,300만 달러가 확보됨에 따라 미국국립연구원(NRC)에 기술검토를 의뢰하여 건설회사를 선정한 결과 McGraw-Hydrocarbon사가 선정되었다.

건설회사 선정 기준은, 첫째 제조방법의 적정 여부, 둘째 건설능력의 유무, 셋째 동종 공장건설 경험의 유무이었다. 해당 건설회사와 한국 정부의 계약체결 주요 내용은 고정질소 45% 이상의 요소비료 하루 250톤 생산능력의 공장을 30개월 내에 설계 및 건설하고, 기술훈련 및 시운전을 통한 성능도 보장하는 것이었다.

그렇지만 계획기간 내에 건설하는 것이 불가능하였는데 그 이유는, 첫째 한국 정부가 한국산 무연탄을 사용할 수 있도록 발전소의 연료장치 전환을 요

5 상공부(1957).

구하여 기술검토 기간 6개월과 추가자금 승인기간 8개월이 추가되었다. 둘째, 시설재를 포함한 건설비 및 임금 상승 등의 이유로 다섯 차례 계약을 수정한 결과 건설비는 당초의 2배로 증액되었고, 건설기간은 21개월이 연기되었다.[6] 이렇듯 건설비가 증액되고 기간도 장기간 연장된 이유는, 첫째 공사비의 청산 방법이 실비변상 및 고정보수제였고, 둘째 손실배상을 청구할 수 있는 확실한 조항이 계약서에 명시되지 않았고, 셋째 원조기구가 추천한 회사를 과신하였고, 넷째 발전소의 연료를 당초에 확정하지 못하였기 때문이었다. 그럼에도 불구하고 1950년대에 계획되어 건설된 충주화학비료공장은 비료의 수입대체를 성공시켰고 1960년대에는 한국경제의 주력산업인 화학산업의 중추적인 역할을 하게 되었다.[7]

(3) 기술훈련과 가동

공장건설이 거의 완료되어 시운전을 앞두게 되자 기술자 확보가 더욱 긴요하게 되었다.[8] 공장건설의 주체인 상공부는 제1차로 공과대학 졸업생 65명을 모집하여 준비훈련을 국내에서 실시하였다. 그 후 미국과 스위스에 각각 26명과 18명을 화학공학, 화학, 기계, 안전 등의 분야를 중심으로 1958년 8월부터 다음 해 5월까지 파견하여 교육시키고, 귀국 후에는 기술사원으로 채용해 배치하였다. 한편, 같은 시기에 발전소 운전을 위한 터빈운전공, 발전기능공, 계기공, 기타 기계정비공, 전기공 등을 모집하여 기술훈련을 실시하였다. 1958년 말에는 제2차로 선발방법을 달리하여 미국을 비롯한 해외 공과대학의 한국 유

6 충주비료주식회사(1968: 81~88).
7 이러한 평가에 대해서는 이대근(2002: 513)을 참조하였다. 1960년대 한국경제의 주력산업으로 성장하는 화학산업에 관한 분석은 오래전의 연구이지만 山田三郞 편(1971: 141~219)을 참조하기 바람.
8 충주비료주식회사(1968: 112).

학생을 대상으로 공모하여 그중 7명을 한미 공동으로 심사하여 채용하였다. 이렇게 확보된 기술진들은 제1공장의 단독운전을 가능하게 하였고 제3, 4공장 건설 과정에 참여하여 각 공장의 중견간부로 승진하였다. 더욱 주목할 점은 이들이 호남비료, 한국비료 등 다른 화학공장에 다수 진출하여 기술보급을 확대시키는 데 중요한 역할을 담당했다는 점이다.

공장가동이 원활하게 된 이후에도 경제개발5개년 계획의 일환으로 신설될 각 화학공장에 필요한 기능공의 인력지원을 위한 기술양성소를 1962년 12월에 설립하였다. 충주비료공장의 양성소는 다음 해 3월 최초로 56명의 입소생을 받아 1960년대 이후 화학 부문 기술인재 양성의 중추적인 역할을 이어갔다.

2) 기존설비: 동양시멘트공장의 보수와 증설

(1) 설비투자

시멘트는 해방 후 재건에 있어 각종 산업시설과 주택, 교량, 도로, 수리시설을 건설할 때의 필수 원자재였다. 해방 후 시멘트의 국내 공급은 남쪽 지역에 남겨진 유일한 시멘트 공장인 오노다(小野田)시멘트사 삼척공장을 불하받아 운영하고 있던 동양시멘트주식회사에 의한 것이 전부였다. 따라서 시멘트 증산을 위해 기존 공장 설비의 보수 및 증설, 그리고 공장 신설을 통한 설비투자가 절실히 요구되는 상황이었다. 원료인 석회석이 풍부하였고, 해방 후 유연탄에서 무연탄으로의 연료 수입대체가 일정 정도 성공할 수 있었던 것이 다행인 상황이었다.[9] 한국생산성본부의 조사를 통해 동양시멘트 기존 설비에 대

9 경제기획원(1962a: 283).

한 보수와 증설을 통한 기술혁신 과정에 대해 살펴보고자 한다.

한국생산성본부 조사는 조사반이 동양시멘트사에 머물며 설비투자가 이루어진 1959년과 1961년의 각각 전년도와의 변화에 관한 분석을 중심으로 이루어졌다.[10] 해방 직후에는 시멘트의 수요가 일정하지 않았지만, 본격적인 재건이 시작되는 1950년대 후반부터 비교적 지속적으로 늘어났다(표 4-1). 동양시멘트사의 생산은 1954년에 UNKRA 자금을 받아 설비투자를 한 시점으로부터 거의 해방 전 수준에 도달하였다. 1959년에 국내 및 국외 자금에 의한 시설보수와 1961년에 복수의 원조자금에 의한 시설의 보수 및 증설로 해방 전의 수준을 웃돌게 되었다. 대한양회의 생산은 1953년과 1954년에 각각 14만 달러와 525만 달러의 UNKRA 자금을 받아 20만 톤 규모로 건설된 공장의 운영으로 1957년부터 동양시멘트주식회사의 생산을 앞지르기 시작하였다. 두 회사의 공급 확대는 1950년대 후반부터 증가하고 있던 수요에 대응해 자급률 상승에 크게 공헌하였다.

(2) 생산성 향상

시멘트산업은 장치산업으로 비장치산업보다 설비투자에 의한 생산성 향상의 효과가 명확하게 나타난다. 시멘트 생산의 주요 공정은 원료인 석회석의 운반 및 분쇄, 분쇄된 석회석을 회전으로 굽는 소성, 잘 딱딱해지는 시멘트 포장으로 나뉜다. 시멘트 생산의 기술혁신은 소성 공정에의 설비투자, 즉 킬른 시설의 보수 및 증설에 의해 효과를 높일 수 있다. 동양시멘트사의 킬른이 보수되고 증설된 1959년 및 1961년과 각각의 전년도와의 변화에 대해 살펴보면

10 한국생산성본부(1962: 6).

표 4-1 시멘트공업의 기술혁신과 자급률 상승(1942~1961)

(단위: 천ton, %)

	국내소비량	국내생산량		자급률	기술혁신 내용	자금원
		동양	대한			
1942		37				
1943		85				
1944		55				
1945		16				
1946	11	6		52.3		
1947	22	27		121.5	보수	
1948	29	22		77.7		
1949	12	25		221.1		
1950	7	7		102.1		
1951	24	12		49.9		
1952	52	36		69.9		
1953	106	44		41.5		
1954	74	62		84.2	보수	UNKRA 55만 달러
1955	189	56		29.8		
1956	61	46		75.2		
1957	285	78	14	32.2		
1958	604	91	205	49.0		
1959	399	127	231	89.7	보수	67만 달러+5억 원
1960	489	197	251	91.8		
1961	592	230	293	88.5	보수/증설	DLF 61만 달러/ICA 12만 달러/기타 43만 달러

주: 1) 기술혁신 내용 및 자금원은 동양시멘트의 경우.
2) 1959년의 보수는 소성통(燒成筒) 1대, 1961년의 보수는 원료분쇄기 2대, 같은 해의 증설은 시멘트 분쇄기 2대/소성통 1대/석회분쇄기 1대.

자료: 한국생산성본부(1962: 8, 12, 16, 37, 75).

다음과 같다.

소성 공정으로 만들어진 클링커의 1959년 생산량은 191,176톤으로 전년도

표 4-2 기술혁신의 효과(동양시멘트, 1958~1962)					
기술혁신 내용		보수		증설	
		1958	1959	1961	1962
클링커 생산량(천ton)		91	191	221	360
클링커 ton당 노동시간	직원	10.1	5.3	5.4	4.2
	공원	26.4	8.9	8.5	8.2

자료 한국생산성본부(1962: 76~77).

에 비해 110%의 증산을 실현하였다(표 4-2).[11] 종업원 1인당 1959년의 생산고는 611톤으로 전년도에 비해 260%의 노동생산성 향상을 실현하였다. 노동생산성의 향상률이 증산율보다 높은 것은 종업원을 설비 확대에 비례해 증원하지 않아도 대응할 수 있었기 때문이었다. 또한 클링커 톤당 1959년의 노동시간은 직원의 경우 5.3시간으로 전년도보다 48% 감소하였으며, 공원의 경우 8.9시간으로 전년도보다 66% 감소하였다. 공원보다 직원의 감소율이 낮았던 것은 설비투자로 관리 기능이 증대하였기 때문이었다. 1961년의 노동생산성 향상 효과가 1959년보다 낮은 것은 1959년의 경우 보수를 통한 설비투자였기 때문에 기술혁신 효과가 단기간에 나타났으나, 1961년의 경우 증설이었기 때문에 기술혁신 효과가 조사한 시점에서 실현되지 않았기 때문으로 판단된다.

이상과 같이 기간산업의 하나였던 시멘트산업은 원조를 통한 자금을 중심으로 설비투자를 실시한 결과, 노동생산성 향상을 실현하는 기술혁신에 성공해 자급률을 향상시켜 수입대체에도 성공하였던 것이다.

11 한국생산성본부(1962: 71~80).

3. 기술혁신의 성과

이상에서 살펴본 바와 같이 해외파견, 검정시험, 단기양성, 학교교육, 해외로부터의 기술도입과 기술훈련 등을 통해 축적된 기술의 성과를 검토하는 유용한 지표로 발명 및 실용 특허가 있다. 발명 및 실용 특허의 등록은 기술을 축적한 형태가 각기 다르더라도 최종적으로 하나의 기술적 체계로 확립된 것을 인정하는 제도이다. 따라서 그 등록 추이를 분석하면 기술축적 및 기술혁신의 종합적인 성과를 확인할 수 있다.

해방 직후 특허의 출원접수는 1946년 1월 22일 군정법령 제44호에 의해 특허원이 설치된 이후 같은 해 10월 5일에 특허국으로 명칭을 변경하여 상무부 소속이 된 다음 해인 1947년부터 시행되었다.[12] 1947~1958년의 발명특허 출원에 대한 등록률은 15%로 무심사주의를 채택하고 있는 이탈리아(84.4%), 프랑스(90.5%)보다는 저조한 것이 당연하다 하더라도, 심사주의를 채택하고 있는 미국(57.3%), 영국(49.0%), 독일(32.6%), 일본(30.4%)보다도 상당히 저조하였다.

연도별 현황을 살펴보면 출원접수 첫 해는 원천기술에 가깝다고 할 수 있는 발명특허, 실생활에 적용한 제품에 부여하는 실용특허 각각 236건, 240건이 접수되었음에도 불구하고 한 건도 등록되지 않았다(표 4-3). 이후 등록건수가 일정하지는 않았으나 1952년부터 서서히 증가하였고 등록률 또한 증가하기 시작하였다.[13] 부문별로 살펴보면 발명특허는 화학 부문이 가장 많았고 그 다음이 기계 부문이었는데 전기 부문은 저조하였다. 실용특허는 기계 부문의 등

12 상무부 특허국(1959: 11).

13 해방 후 발명특허 제1호(유화염료 제조법)의 취득자는 '기술교육지도위원회'의 이사로 활약하였고 취득 당시 중앙공업연구소장이었던 안동혁이었다(상무부 특허국, 1959: 209).

표 4-3 해방 후 발명 및 실용특허의 출원과 허가 추이(1947~1958)

	발명								실용							
	기계		전기		화학		출원 계	등록 계	기계		전기		화학		출원 계	등록 계
	출원	등록	출원	등록	출원	등록			출원	등록	출원	등록	출원	등록		
1947	110	0	35	0	91	0	236	0	195	0	40	0	5	0	240	0
1948	103	0	9	0	57	4	169	4	151	2	7	0	8	1	166	3
1949	136	5	22	0	75	2	233	7	207	9	8	1	14	0	229	10
1950	73	2	3	1	50	2	126	5	109	6	7	0	7	0	123	6
1951	12	0	4	0	14	0	30	0	28	1	0	0	1	0	29	1
1952	60	4	2	0	29	17	91	21	67	13	0	1	2	0	69	14
1953	46	3	2	1	28	4	76	8	142	19	3	0	7	1	152	20
1954	71	14	5	0	56	15	132	29	167	28	5	1	3	2	175	31
1955	80	14	9	0	67	38	156	52	260	70	4	2	17	1	281	73
1956	140	31	8	3	139	47	287	81	450	123	17	6	27	6	494	135
1957	194	19	20	1	255	38	469	58	690	108	31	6	37	9	758	123
1958	243	32	25	1	287	86	555	119	973	163	79	7	53	7	1,105	177

자료: 상무부 특허국(1959: 348~349).

록 건수가 압도적이었고 전기 및 화학 부문은 저조하였다.

발명 및 실용 특허 건수의 추이를 일제 시대와 비교하여 살펴보면, 일제 시대의 한국인 실용특허는 1935년 35건으로 최고치를 기록하지만 해방 후에는 1955년부터 그 수치를 크게 넘어서게 된다(그림 4-3). 절대 등록건수가 적어 그 추이가 기술축적과 기술혁신의 변화를 그대로 반영하고 있다고는 할 수 없지만, 해방 직후 기술인재 형성의 노력이 1950년대 중반부터 결실을 맺기 시작하였다고 평가할 수 있다.

그림 4-3 식민지기와 해방 후 발명 및 실용특허 등록의 추이(1910~1958)

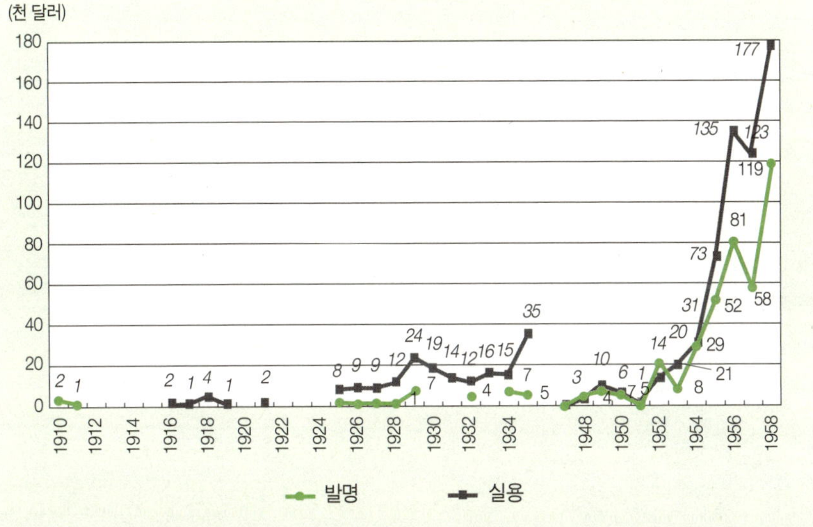

주: 1) 식민지기는 한국인의 특허등록 건수.
2) 1947~1958년 총발명특허 384건 중 외국인 특허 22건.
자료: 상무부 특허국(1959: 326~332, 348~349).

제5장

기술인재의 세대교체:
1960년대 전반

1. 해방 전 기술인재

2. 해방 후 기술인재의 급증

3. 기술인재의 세대교체

1. 해방 전 기술인재

해방 후 기술인재 형성에 대해 살펴보기 전에 해방 전의 기술인재 실태에 대해 알아보기로 한다.

해방 전의 시기를 대상으로 학력이 확인되고 기술인재의 시계열 변화가 파악되는 자료는 朝鮮技術家名簿(朝鮮工業協會, 1939)가 유일하다. 이 명부는 조선공업협회가 일제 시대 당시 한국에서 활동하는 기술자를 총괄하여 소개하기 위해 1939년에 조사한 것이다. 조사 대상은 전문학교 이상 졸업자를 기본으로 하되 해당 학력 이하라도 주요 공장의 주임기술자를 일부 포함하고 있다.

일본인 기술자는 졸업연도를 기준으로 확인 가능한 1900년부터 1938년까

그림 5-1 전문학교 졸업 이상 민족별 기술자 수 추이(1900~1938)

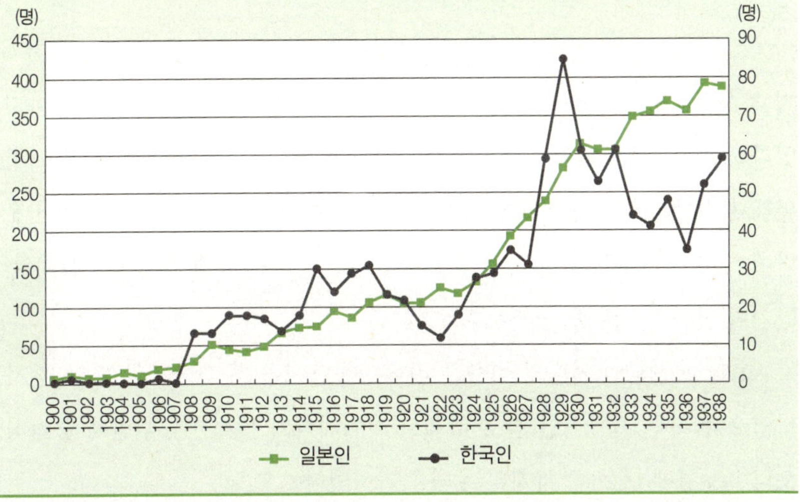

주: 왼쪽 축은 일본인 기술자, 오른쪽 축은 한국인 기술자.
자료: 朝鮮工業協會(1939).

그림 5-2 **전문학교 졸업 이상 지역출신별 · 민족별 기술자 비율 추이(1900~1938)**

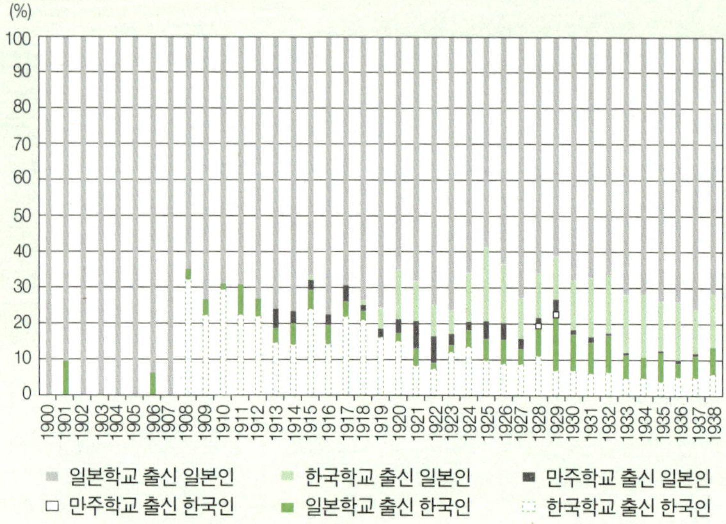

자료: 朝鮮工業協會(1939).

지 지속적으로 증가하고 있고, 특히 1920년대 중반 이후에 증가율이 높아지고 있다(그림 5-1). 한국인 기술자는 1908년부터 1918년까지 증가율이 높았고, 1920년대 후반에 급격히 증가하였다가 1930년대 중반에 감소하였으나 1930년대 후반에 다시 증가하였다. 한국인 기술자도 일본인 기술자에 비해 꾸준하지는 않았지만 전반적으로 증가하는 추세였다.

그러나 한국인 기술자 비율은 1908년에 당시 전체 기술자의 32.5%를 차지하였으나 이후 전반적인 감소 추세로 이어지다가 1930년대 후반에 증가하였으나 1938년에 13.2%를 차지하는 데 불과하였다(그림 5-2).

2. 해방 후 기술인재의 급증

1) 이공계 졸업생의 급증

1946년 초등학교 수는 3,172개교, 교사 수는 28,338명, 입학정원은 215만 9천 명이었고, 1962년에는 각각 4,732개교로 1.4배, 68,124명으로 2.4배, 408만 9천 명으로 1.9배 증가하였다(그림 5-3). 1946년 중등학교 수는 344개교, 교사 수는 4,899명, 입학정원은 12만 4천 명이었고, 1962년에는 각각 1,122개교로 3.3배, 16,163명으로 3.3배, 65만 5천 명으로 5.3배 증가하였다. 중등학교 졸업자의 약진이 눈에 띄는데, 특히 입학정원 증가율이 초등학교에 비해 2.25배 증가하였다.

그림 5-3 해방 후 초등 및 중등학교 입학생 추이(1945~1962)

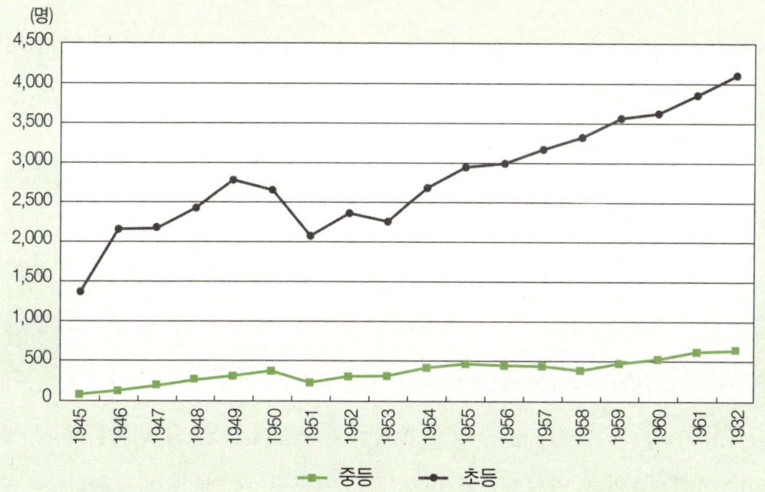

자료: 한국교육개발원(1997).

그림 5-4 **일제 시대와 해방 후 학력별 이공계 졸업생 추이(1931~1963)**

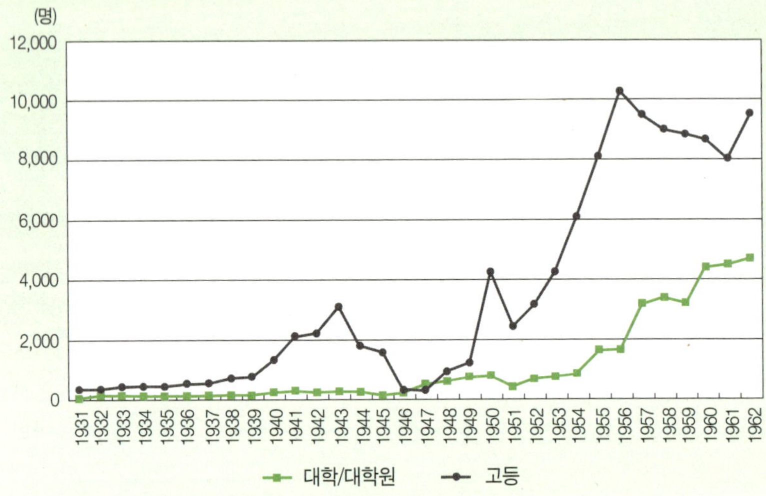

자료: 경제기획원(1963).

해방 후 한국인들에게 교육의 기회가 확대되었고, 특히 중등교육의 기회가 크게 확대되었다. 이는 제3장에서 살펴본 바와 같이 해방 직후에 미군정의 신속한 대처와 한국인의 능동적인 대응으로 교육제도의 재편이 신속하게 이루어졌기 때문이다.

제2차 세계대전기와 해방 직후 이공계 졸업생의 급격한 증가는 고등학교 졸업생이 견인하였다(그림 5-4). 그러나 고등학교 졸업생이 1957년부터 1961년까지 감소한 반면, 고등교육(대학/대학원) 졸업생은 해방 직후부터 1962년까지 지속적으로 증가하였다. 일제 시대 고등교육(전문대 이상) 최대 졸업생을 배출한 1941년의 341명에 비교해 1962년은 4,678명으로 13.7배에 해당한다. 고등교육 졸업자 중에 기초과학, 공학, 의학, 약학 부문의 증가가 두드러졌다. 해방 직후 교육제도의 재편정책과 인재양성정책의 성과가 나타난 것이다.

따라서 해방 후부터 1960년대까지의 인재형성은 중학교 및 고등학교 졸업자로 구성되는 중등학력자의 약진과 대학 및 대학원 졸업자로 구성되는 고등학력자의 점진으로 요약될 수 있다.

2) 이공계의 약진과 화학, 전기, 기계, 섬유 전공의 견인

이공계 졸업자와 농수산계 졸업자는 1947년부터 1956년까지 급격히 증가하였다(그림 5-5). 기존에 제2차 세계대전기의 기술자 증가가 강조되어 왔지만, 일제 시대 이공계 최대 졸업생을 배출한 1943년의 3,359명에 비교해 1962년은

그림 5-5 **일제 시대와 해방 후 이공계와 농림계 졸업생 추이(1931~1963)**

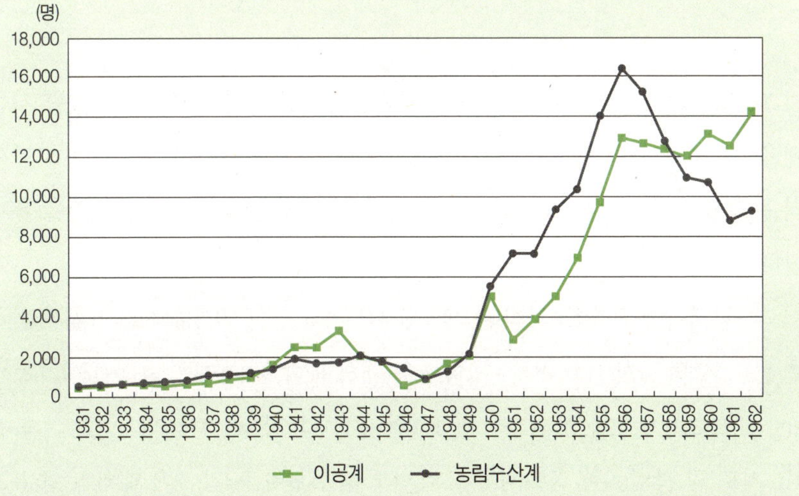

자료: 경제기획원(1963).

그림 5-6 일제 시대와 해방 후 전공별 이공계 졸업생 추이(1931~1963)

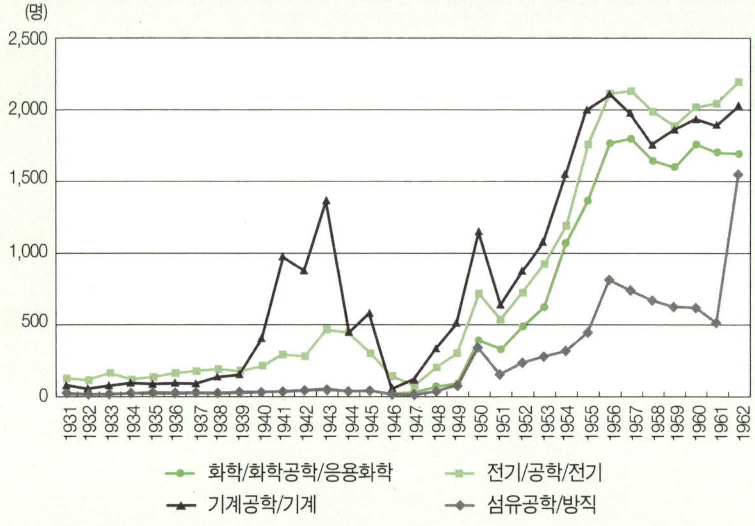

자료: 경제기획원(1963).

14,202명으로 4.2배에 해당한다. 일제 시대 졸업생 수가 과소평가되었을 가능성을 감안하더라도 큰 폭의 증가임에는 틀림없다. 한편, 1957년부터 1961년까지 농수산계 졸업자는 급격히 감소하지만 이공계 졸업자는 같은 수준을 유지한다.

이공계 전공은 기초과학(물리학, 천문학, 화학, 수학, 지형학, 지질학, 생물학, 식물, 동물, 과학), 공학(화학, 섬유로 공학, 토목, 건설 공학, 전기 공학, 전자 공학, 기계 공학, 선박 건조, 조선 및 과학, 항공, 금속 공학, 원자 공학), 의학 및 약학(의학, 약학, 치과, 간호), 제조 및 광업(화학, 식품 제조, 섬유, 염색, 제복, 엔지니어링, 토목 및 건축, 건설, 조각, 디자인, 전기, 전자, 서신, 기계, 무기, 뜨개질, 항해, 엔진, 자동차, 도자기, 시계, 철공, 광산, 금속, 야금)으로 구성되었다.

이상과 같이 해방 후 교육제도의 재편은 농수산 부문보다 이공계 부문의 기술인재 증가에 영향을 미쳤다.

1960년대 이후 산업화는 화학, 전기, 기계, 섬유 4대 전공의 기술인재가 견인하였다. 4개 부문의 졸업생 수는 1951년에 한국전쟁의 영향을 받았지만 해방 직후부터 1950년대 중반까지 지속적으로 증가하였다(그림 5-6). 한국전쟁으로 인한 1951년 졸업생 수의 감소는 화학 부문이 가장 적었고, 전기, 섬유, 기계 부문의 순서로 감소폭이 컸다. 화학 부문 졸업생 수는 1952년에 1950년 수준을 넘었고, 전기 부문은 1952년에 1950년에 유사한 수준이 되었으며, 기계 및 섬유 부문은 1954년에 1950년 수준을 넘어섰다.

3. 기술인재의 세대교체

1)「취업기술계인적자원조사」와 기술인재 분류

해방 직후부터 1950년대까지의 주요 산업 기술인재에 관한 체계적인 조사자료가 매우 부족하다. 그런 가운데 경제기획원이 조사한 취업기술계인적자원조사보고서(1963년, 이하 인적자원조사)는 시계열 조사는 아니지만 기술인재에 관한 당해 연도의 체계적인 정보와 일부 항목에 관한 시계열 정보를 제공한다. 인적자원조사는 한국의 기술인력 현황조사, 산업별 및 직업별 통계표 작성, 기술개발 정책 수립에 필요한 기초자료 제공을 목적으로 작성되었다. 경제기획원은 이미 1961년에 같은 목적으로 조사하였다(한국기술계인적자원조사보고서,

1961년). 1963년의 인적자원조사는 개별단위 형태가 아닌 복수단위 형태로 설계된 설문지 내용으로 1961년 인적자원조사를 보완하였고, 조사항목의 수도 크게 늘었다.

인적자원조사는 사업체 및 각종 단체에 종사하는 기술직 노동자를 조사하였다. 1,586개(50명 이상 고용)의 대형 업종 및 2,106개소의 공공시설(정부청사, 공공기관, 각종 이공계 학교)은 전수조사 방식으로, 3,580개소(5~49명 고용)의 중·소규모 업종은 표본조사 방식으로 집계되었다.

인적자원조사의 최대 장점은 일제 시대와 1945년 해방 이후를 비교할 수 있는 기술인재 시계열 정보를 제공한다는 것이다. 그러나 일제 시대의 정보가 과소평가되었을 가능성이 높은 결과라는 점을 인식해야 한다. 그 이유는 1963년 시점의 조사 결과이기에 이미 퇴직한 자의 정보가 제외되어 있기 때문이다.

해방 직후 이공계 졸업생의 급증으로 기술인재의 세대교체가 급격히 이루어졌다. 인적자원조사를 통해 기술인재 세대교체의 실태를 살펴보고자 하는 것이다. 인적자원조사에서 기술인재는 기술자, 기술공, 숙련공, 반숙련공으로 분류하고 다음과 같이 규정하고 있다.

[기술자]

A. 국내외 이공계 대학(구 제도대학 포함) 졸업자 또는 '공직기술고시급 공무원시험'에 합격한 자로서 현재 연수기간을 거쳤거나 밀접하게 관련된 업무에서 이공계 업무에 종사하고 있는 자.

B. 자신이 면허를 받은 업무에 종사하는 건설공학과 A급 및 B급 공공면허 보유자.

[기술공]

A. 이공계 대학을 졸업한 사람 또는 이공계 2년 과정을 마친 사람, 국내외에서 이공계 2년 과정을 수료한 사람 또는 '공직 기술직 주니어 시험'에 합격한 사람으로서, 현재 연수된 기술 분야에서 업무에 종사하고 있는 자.

B. 고등학교 연수가 필요한 업무에 종사하며 3년 이상의 경력이 있는 기술고등학교 졸업생.

C. 현재 C급 건설공사의 공공면허 보유자, 건설공학의 공공면허 보유자는 면허를 취득한 분야에 종사하고 있는 자.

[숙련공]

숙련공은 6개월 이상의 경력이 필요한 기술 분야에서 3년 이상의 경력이 있어야 숙달할 수 있는 업무를 수행할 수 있고, 기술력이 낮은 다른 근로자를 감독할 수 있는 사람을 말한다. 숙련공은 관련된 생산 과정에 대한 철저한 지식과 상당한 독립적 판단을 행사할 수 있는 능력을 갖추어야 한다. 보통 고도의 손재주가 요구되며, 때로는 장인들이 귀중한 제품과 장비에 대한 책임을 져야 한다.

[반숙련공]

반숙련공은 6개월 이상의 경험이 필요한 기술 분야에서 숙련공의 감독하에 1년 내지 3년의 경험으로 숙달되어야 수행될 수 있는 작업을 수행할 수 있는 사람을 말한다.

2) 해방 후 고용된 기술인재의 기술혁신 주체로의 등장

공공 부문은 1963년에 9,112명의 기술자를 고용하였는데, 이는 전체 기술자 1만 6,201명의 56.2%에 해당한다(인적자원조사, 이하 같음). 대기업체 부문과 중소기업체 부문은 각각 22.7%의 3,679명, 21.1%의 3,410명을 고용하였다. 기술공의 경우 공공 부문은 전체 기술공 1만 4,171명 중 51.4%인 7,227명을 고용하였다. 대기업체 부문과 중소기업체 부문은 각각 22.3%의 기술공 3,154명, 26.3%의 기술공 3,790명을 채용하였다. 그런데 숙련공의 경우 공공 부문은 전체의 10.1%에 불과한 1만 8,235명을 고용하였다. 대기업체 부문과 중소기업체 부문은 각각 40.0%의 7만 2,323명의 숙련공과 49.9%의 9만 373명의 숙련공을 고용

그림 5-7 대기업/중소기업/관공서별 기술직급별 종사자의 경력 구성(1963)

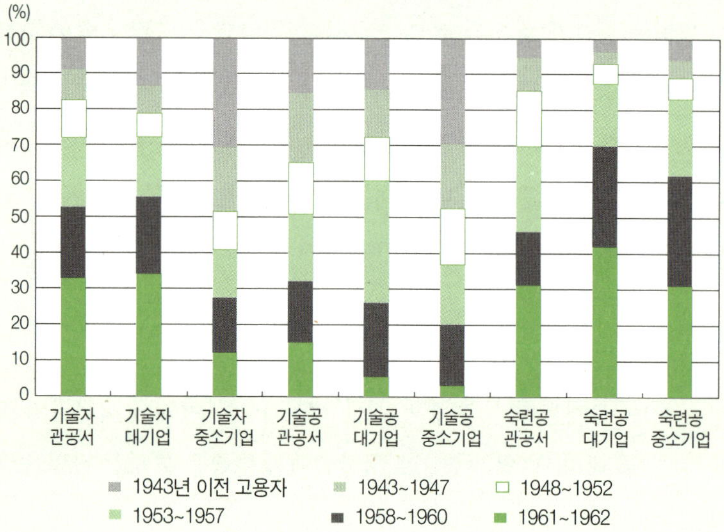

자료: 경제기획원(1963).

그림 5-8 대기업/중소기업/관공서별 기술직급별 종사자의 연령 구성(1963)

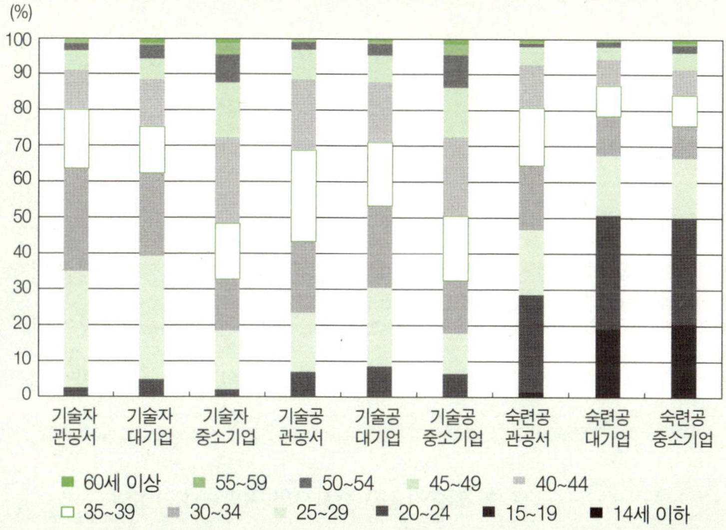

자료: 경제기획원(1963).

하였다. 고급 기술인재는 공공 부문에 집중 배치된 것을 확인할 수 있다.

공공 부문과 대기업체 부문 기술자의 약 80%는 해방 후에 고용되었고, 중소기업체 부문은 약 50%만이 해방 후에 고용되었다(그림 5-7). 공공 부문의 기술공 65%, 대기업체 부문의 기술공 70%, 중소기업체 부문의 기술공 50%가 해방 후에 고용되었다. 공공 부문, 대기업체 부문, 중소기업체 부문의 숙련공 약 90%가 해방 후에 고용되었다. 이러한 경향은 연령대별 구성에서 다시 확인할 수 있다(그림 5-8). 해방 후에 고용되어 현장경험이 10년 이상으로 추정되는 30대의 기술자가 공공 부문과 대기업체 부문의 각각 45%, 35%, 30대의 기술공이 공공 부문과 대기업체 부문의 55%, 40%를 차지하고 있다. 한편, 중소기업체 부문은 기술자와 기술공의 50%는 40대 이상이다.

이상과 같이 해방 후에 고용된 기술인재가 1960년대 전반에 기술혁신의 주체로 형성되었다. 공공 부문과 대기업체 부문에서 그 경향이 뚜렷하였다.

3) 화학, 전기, 기계, 섬유 직종의 양상 비교

해방 후 고용된 화학, 전기, 기계 직종에 종사하는 기술자의 비율이 해방 후 고용된 기술공의 비율보다 높았다(그림 5-9). 이는 해방 후에 현장에 배치된 기술자의 비율이 기능공에 비해 높았다는 점을 말하고 있다. 또한 약 90%의 화

그림 5-9 직종별·기술직급별 종사자의 경력 구성(1963)

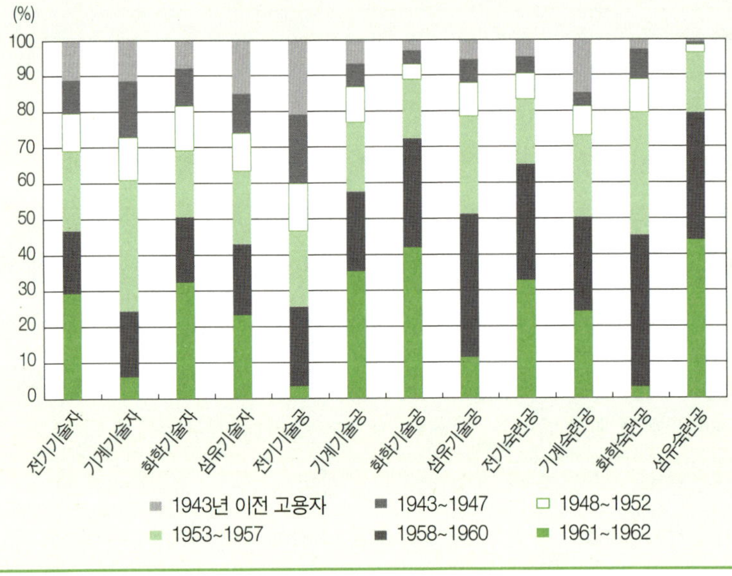

자료: 경제기획원(1963).

학 및 섬유 기술공이 1947년 이후에 고용되었다. 70%의 전기 기술공이 1947년 이후에 고용되었지만, 40%의 기계 기술공은 1948년 이전에 고용되었다. 기계 기술공의 해방 전 비중이 비교적 높은 것은 제2차 세계대전기에 증가된 기계 전공 졸업자들이 있어 가능하였던 것이다(그림 5-6). 그렇지만 1947년 이후 고용된 기계 기술자가 74.2%로 그들이 현장을 장악하고 있었다고 판단된다.

1963년에 전기, 기계, 화학, 섬유산업에 종사하는 기술자, 기술공, 숙련공의 총수는 9만 천 명이었고, 전기, 기계, 화학, 섬유 직종에 고용된 기술자, 기술공, 숙련공의 총수는 12만 2,272명이었다. 전기 직종에 고용된 기술자와 기술공은 각각 1,229명과 2,500명, 전기 부문과 기계 부문에 고용된 기술자는 각각

그림 5-10 직종별·기술직급별 종사자의 연령 구성(1963)

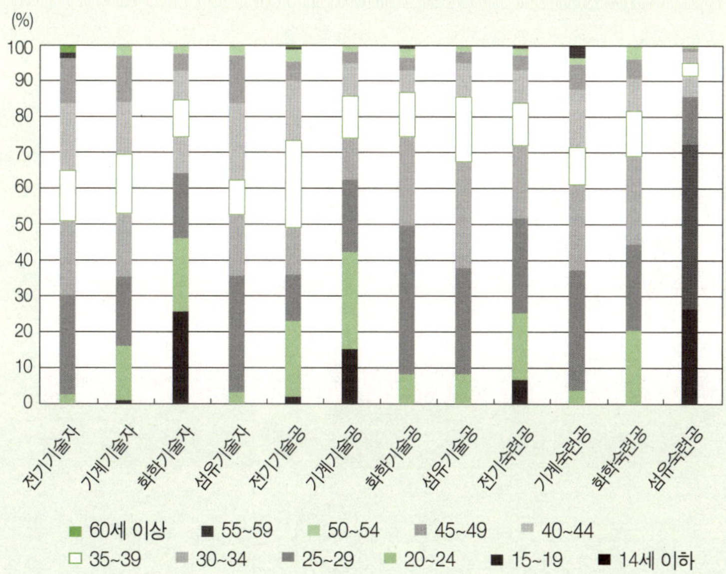

자료: 경제기획원(1963).

143명과 220명이었다. 이것은 전기와 기계 직종에 고용된 기술자, 기술공, 기능공이 다양한 산업에서 일하였다는 사실을 말해 준다(그림 5-10). 또한 해방 후 화학 및 섬유 산업에 고용된 기술자와 기술공의 비율이 전기 및 기계 산업에 고용된 기술자와 기술공의 비율보다 높았다는 사실에 주목할 필요가 있다.

제6장

기술혁신과 노동생산성 기여: 1960년대 후반

1. 연구개발

2. 생산성 증가 요인과 기계공업

3. 기계공업의 생산관리와 노동생산성

1. 연구개발

1) 전환점 이전 한국의 연구개발

한국의 연구개발 관련 통계는 1963년부터 집계되었다.[1] 1960년대의 연구개발은 정부 주도로 진행되었다(그림 6-1). 그러나 민간 부문 연구개발투자가 1974년에 53.5%로 정부 부문 연구개발투자 46.5%를 넘어서게 되었다. 이후 정부의 투자액이 민간의 투자액을 넘어설 때도 있었지만, 1982년부터는 그런 일

그림 6-1 연구개발의 추이(1963~2000)

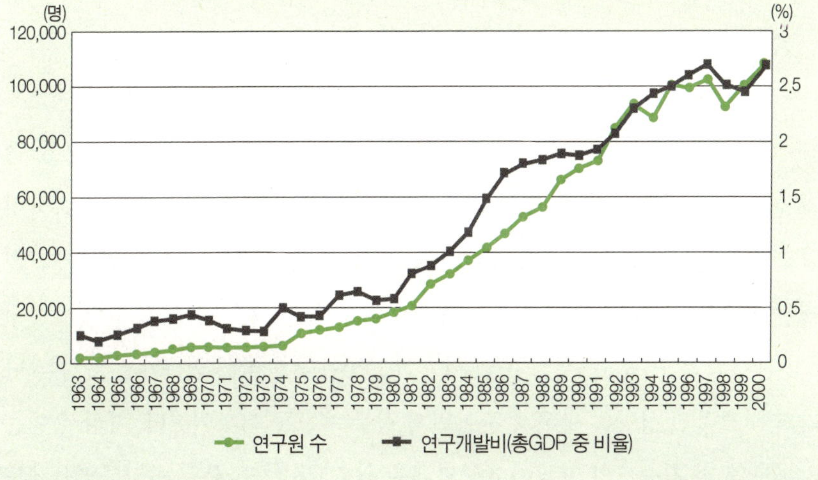

자료: 과학기술부, 『과학기술연구활동조사보고』, 각년호; 산업기술진흥협회, 『산업기술주요통계요람』, 각년호; 『한국주요경제지표』, 각년호(신태영, 2002: 4에서 재인용).

1 신태영(2002: 3~8).

은 일어나지 않았다. 따라서 연구개발투자액이 급증하여 민간투자액이 정부투자액을 지속적으로 초과한 시점을 연구개발투자의 전환점이라고 한다면, 한국에서의 전환점은 1982년이다.

1960년대 각 국가의 국민소득 중 과학기술연구투자 비율은 미국 3.28%, 영국 2.94%, 소련 2.59%, 서독 1.98%, 일본 1.78%, 프랑스 1.47%이며, 한국은 0.29%였다(표 6-1). 즉, 1960년대 전반 한국의 대국민소득 연구개발 수준은 일본의 1/5, 미국의 1/11의 수준이었다. 국내총투자의 연구투자 비율은 미국 16.5%, 일본 3.4%, 한국 1.5%로, 한국은 일본의 1/2, 미국의 약 1/11의 수준이었다. 1960년대 한국의 국민소득 수준이 절대적으로 낮았기 때문에 국민소득에 대한 연구투자 비중이 선진국에 비해 낮을 수밖에 없었다는 것을 알 수 있다.

2) 기술도입 단계의 정부 주도 연구개발

해방 후 1960년대까지 연구개발투자는 정부 주도로 이루어졌다(표 6-1). 당시 한국의 총연구투자 중 정부지출 비율은 88.8%로 다른 나라들과 비교하여 압도적으로 높은 수준이었다. 한편, 1960년대 한국의 정부예산 중 연구개발의 예산 비중은 일본과 비교하여 1/3, 미국과 비교하면 1/10 수준에 그쳤다.

본격적인 연구개발투자 이전 시기인 1960년대 한국의 연구개발은 다른 나라와 비교하면 상당히 낮은 수준이면서 정부 주도로 이루어졌다. 따라서 이는 자본도입 및 기술도입 방식이 1960년대에 원조에서 차관으로 변화하였음에도 불구하고 자체 기술개발을 위하여 투자할 정도의 여유는 여전히 없었다는 것을 의미한다.

표 6-1 **연구개발의 각국 비교(1960년대)**

(단위: %)

	한국	일본	미국	영국	서독	프랑스	소련
국민소득 중 연구투자 비율	0.29	1.78	3.28	2.94	1.98	1.47	2.59
국내총투자 중 연구투자 비율	1.5	3.4	16.5	-	-	-	-
총연구투자 중 정부지출 비율	88.8	29.0	7.0	52.0	48.0	20.0	-
총정부예산 중 연구예산 비율	0.96	2.8	10.6	5.7	2.15	-	4.09

주: 국민소득 중 연구투자 비율의 조사 시기는 한국(1964), 일본(1962), 미국(1961), 영국(1961), 서독(1962), 프랑스(1961), 소련(1962)이고, 국내 총투자 중 연구투자 비율은 한국(1962~1963), 일본(1961~1962), 미국(1960~1961)의 평균치이며, 총연구투자 중 정부지출 비율 및 총정부예산 중 연구예산 비율의 조사 시기에 대해서는 자료에 구체적인 설명이 없지만 1960년대 전반의 것으로 추정된다.

자료: 한국생산성본부(1965: 102~109). 원자료: 미국은 NFS, *Reviews of Data on Research and Development*, No. 16, 1963; *Survey of Current Business*, 1960. 영국은 『과학정책심의회』. 소련, 서독, 일본, 프랑스는 과학기술청, 『과학기술백서』; 총리부통계국, 『과학기술조사보고서』; 경제기획원, 『경제요람』. 한국은 경제기획원, 『연구기관실태조사』, 1965; 한국은행, 『경제연보』.

3) 국공립기관 중심 연구개발

1960년대 한국 연구개발의 내용에 대해 연구기관 및 연구원의 상황, 연구개발 예산편성 구조를 통해서 파악하고자 한다(표 6-2).

첫째, 학문 분야별로 고찰하면, 연구기관 수는 공학과 농학 관련 분야가 대부분이고 연구원 수는 공학 분야가 전체의 절반 가까이 차지하고 있다. 연구조직의 규모는 1965년을 기준으로 공학 33.3명, 의학 25.9명, 농학 20.4명이었다. 각 연구조직의 절대 규모가 크다고는 할 수 없지만, 그 가운데 공학 분야의 연구조직이 상대적으로 큰 규모로 운영되고 있었다. 연구개발 예산은 연구비, 인건비, 시설비, 사업비가 같은 수준이었고, 행정관리비가 평균의 절반 수준이었다. 1964년을 기준으로 공학의 연구개발 예산은 농학과 비교하여 인건비의 1.9배, 시설비의 7.4배, 사업비의 7.0배, 행정관리비의 2.3배였다. 공학 연구

표 6-2 학문별·조직별·산업별 연구기관 수, 연구원 수, 연구개발비(1964~1965)

(단위: 개소, 명, 백만 원)

		연구기관 수		연구원 수		연구비		인건비		시설비		사업비		행정관리비	
		1964	1965	1964	1965	1964	1965	1964	1965	1964	1965	1964	1965	1964	1965
학문별	공학	29	29	977	965	105	124	184	214	192	230	265	443	58	62
	의학	13	13	263	337	39	26	31	33	46	33	13	25	32	17
	농학	31	32	536	654	130	215	95	124	26	160	38	48	25	35
	기타	4	5	130	179	26	44	41	43	15	19	2	4	14	20
	계	77	79	1,906	2,135	300	409	351	414	279	442	318	520	129	134
조직별	국공립	48	49	1,469	1,533	237	334	273	314	194	384	314	513	89	104
	대학	9	10	217	352	28	24	5	5	20	15	1	2	18	3
	민간기업	13	13	94	112	15	28	17	22	13	24	3	4	2	2
	기타	7	7	126	138	19	22	55	72	53	20	1	1	19	26
	계	77	79	1,906	2,135	299	408	350	413	280	443	319	520	128	135
산업별	농림	21	22	410	515	93	162	77	101	26	64	38	49	13	16
	수산	1	1	106	106	35	50	16	18	0	95	0	0	11	16
	금속기계/화학섬유	15	15	513	509	37	43	60	71	62	44	5	8	12	9
	광업	3	3	175	157	5	4	25	28	2	2	245	185	6	5
	토목건축	2	2	76	99	5	7	17	21	10	4	4	22	3	5
	기타	3	4	48	93	15	31	13	15	31	25	7	22	5	3
	전력/통신/운수/원자력	6	6	205	215	46	47	71	86	94	157	4	6	33	43
	보건/의료	23	23	265	344	46	40	34	34	40	34	13	25	34	19
	기타	3	3	108	107	18	24	37	39	13	18	2	3	12	18
	계	77	79	1,906	2,145	300	408	350	413	278	443	318	320	129	134

주: 1) 학문별과 산업별과의 합계치에 차이가 생긴 이유는 각 항목을 각각 사사오입하고 합산했기 때문이다.
2) 학문별 공학 부문 1965년 사업비가 원자료에 443백만 원으로 되어 있지만 산업별 각 항목 사업비와 대조하여 243백만 원으로 수정하였다.
3) 산업별 연구원 수 1965년의 합계가 학문별과 조직별의 합계와 다르지만 수정할 근거가 없어 그대로 두었다.

자료: 경제기획원(1965)(한국생산성본부, 1965: 77~96에서 재인용).

개발 예산이 연구비 이외는 모든 연구개발 부문에서 농학을 웃돌았다. 인건비 총액을 연구원 수로 나눈 단순 계산이어서 매우 한정적으로 말할 수밖에 없지만, 연간 연구원 일인당 인건비는 공학 분야에서 19만 원, 농학 분야에서 18만 원으로 두 분야에서 크게 다르지 않았다. 그러므로 1960년대 학문 분야별 한국의 연구개발은 공학 분야에서 중점적으로 실시하고 있었으며 농학 분야로 인재가 유출되는 상황은 아니었다고 할 수 있다.

둘째, 연구조직별로 고찰하면, 연구기관은 국공립 연구기관이 대부분을 차지하였으며, 연구원 수도 국공립 연구기관이 압도적인 비중을 차지하였다(표 6-2). 연구조직의 규모는 1965년 기준으로 국공립 연구기관 31.3명, 대학 35.2명, 민간기업 8.6명이다. 당시의 국공립 연구기관 및 대학과 민간기업 간의 격차를 실감하게 한다. 1965년 기준으로 각 연구기관 연구원의 비율은 국공립 연구기관 71.8%, 대학 16.5%, 민간기업 5.2%이며, 연구개발에 종사하는 연구원은 국공립 연구기관에 집중되어 있었다. 1964년 기준으로 국공립 연구기관의 전 연구기관에서 차지하는 연구개발 예산의 비율은 연구비 79.3%, 인건비 78.0%, 시설비 69.3%, 사업비 98.4%, 행정관리비 69.5%였다. 따라서 1960년대 한국의 연구조직별 연구개발은 연구기관의 평균 규모에서는 대학이 국공립 연구기관을 넘어섰지만, 국공립 연구기관을 중심으로 진행되었고, 새로운 사업을 진행할 때는 그 경향이 더욱 강하였다.

셋째, 산업별로 고찰하면, 연구기관의 수는 보건의료, 농림, 금속기계/화학섬유의 순서로 집중되어 있었으며, 연구원 수는 농림, 금속, 기계/화학섬유, 보건의료의 순서로 많았다(표 6-2). 연구기관의 연구원 수는 1965년을 기준으로 농림 23.4명, 금속기계/화학섬유 33.9명, 보건의료 15.0명이며, 다수의 연구기관과 연구원을 보유하고 있던 산업 중에서 금속기계·화학섬유 산업의 연구기관의 규모가 상대적으로 컸다. 연구자 지원에 해당하는 연구비 및 인건비는 농림산업, 전력·통신·운수·원자력 산업, 금속기계·화학섬유 산업에 비교적 많은 액수가 배정되었다. 시설비 예산은 전력·통신·운수·원자력 산업에 많이 지출되었다. 사업비는 당시의 주된 에너지인 석탄의 개발과 관련한 광업에 집중적으로 배분되었다. 이상과 같이 1960년대 한국의 산업별 연구개발은 새로운 사업을 전개하기 위해 지출하는 사업비 예산은 공업에 집중적으로 배분되었고, 연구자 지원에 해당하는 연구비 및 인건비 예산은 농림, 금속기계·화학섬유 산업에 집중적으로 집행된 것을 알 수 있다.

1960년대 한국의 연구개발은 농림산업과 금속기계·화학섬유 산업의 국공립 연구기관의 농학 및 공학 분야 전문연구원을 중심으로 이루어졌다. 당시의 다른 나라와 비교하여 한국 국내총투자 중 연구개발투자의 비율은 높았지만 그 절대액수가 적었기 때문에 거액이 소요되는 시설비나 사업비로 투자하지 못하고 연구비 같은 항목으로 투자할 수밖에 없었다.

2. 생산성 증가 요인과 기계공업

1) 생산성 증가 요인

1960년대 전반 한국의 설비투자 총액은 1961년과 1962년에는 1960년 수준에 미치지 못하였지만 1963년과 1964년에는 1960년 수준으로 회복하였다(표 6-3). 1960년 설비투자의 약 50%가 운수 부문에 투자되었지만, 1961년 이후에는 그 비율이 급격히 줄어들고 다른 부문이 꾸준히 증가하였다. 1960년과 비교하

표 6-3 부문별 설비투자와 산업별 생산지수의 동향(1960~1964)

		1960	1961	1962	1963	1964
설비투자 (10억 원)	기계설비	5.69	5.34	6.46	7.90	7.15
	운수설비	18.10	1.95	2.27	4.63	3.17
	건물(비거주용)	5.95	5.17	8.03	8.78	10.59
	구축물/공작물	6.13	9.00	9.92	13.17	11.30
	계	35.87	21.46	26.68	34.48	32.21
생산지수	광업	100.0	113.4	134.6	153.6	169.1
	제조업	100.0	104.3	121.8	137.8	147.2
	전기업	100.0	104.3	116.5	130.1	159.1
	전 산업	100.0	105.0	123.5	139.8	151.0

자료: 한국은행(1965)(한국생산성본부, 1965: 16~18에서 재인용).

여 1964년의 비거주용 건물 부문과 구축물/공작물 부문의 설비투자액은 두 배 가까이 증가하였지만, 기계설비 부문은 그 수준에 다다르지 못하였다. 한편, 생산지수는 설비투자가 부진하였던 1961년과 1962년에도 증가하였으며, 설비투자가 1960년 수준으로 회복한 1963년과 1964년에는 대폭 증가하였다. 그 증가 요인은 무엇이었을까?

한국생산성본부는 미국 제조업의 생산함수(P=1.35×0.30(K)×0.63(L)/1899~1922)와 호주 제조업의 생산함수(P=0.17×0.23(K)×0.84(L)/1907~1929, P=1.14×0.20(K)×0.78(L)/1901~1927), 그리고 1960년대 인도 제조업의 생산함수(P=5.68×0.63(K)×0.53(L))를 참조하면서 한국 제조업의 생산함수(P=1.149×0.31995(K)×0.78420(L)/1953~1963)를 산출하였다.[2] 이 생산함수에 기초하여 측정한 1960년대 초반 한국

2 한국생산성본부(1965: 26~28).

표 6-4 산업별 생산 증가 요인(1960~1964)

	생산 증가	노동량 증가	생산성 증가	복합 요인
광업	100.0	53.3	34.2	12.5
제조업	100.0	22.0	70.6	7.4
전기업	100.0	5.9	90.9	3.2
전 산업	100.0	26.5	64.7	8.8

자료: 한국생산성본부, 『생산성통계』 제6호(한국생산성본부, 1965: 34에서 재인용).

의 산업별 생산 증가 요인은 생산성 증가에 의한 것이 60%를 넘어 노동량 증가 요인을 크게 웃돌고 있었다(표 6-4). 여기에서 노동량 증가는 용어 그대로 노동 투입량의 증가를 말하며, 생산성 증가는 설비투자와 구체적인 조직 및 관리의 합리화에 따른 노동생산성 증가를 말한다. 여기에서 복합 요인의 구체적 내용은 자료에서 파악하기 어려웠다. 광업의 생산 증가는 생산성 증가보다는 노동량 증가에 의한 요인이 컸고, 제조업의 생산 증가는 노동량 증가보다는 생산성 증가에 의한 요인이 컸다. 전기업의 생산 증가는 노동량 증가 요인은 미미하였고 생산성 증가에 의한 요인이 압도적으로 컸다.

이상과 같이 1960년대 전반 한국의 광업, 제조업, 전기업의 생산 증가는 설비투자에 따른 생산성 증가 요인이 가장 높았고, 노동량 증가 요인이 그 뒤를 이었으며, 복합 요인의 비중은 낮은 수준이었다. 이는 1960년대 후반 한국의 각 산업 특히 제조업과 전기업에서 기술, 생산관리, 품질관리, 제도, 숙련 향상을 통한 생산성 증가를 실현할 수 있는 가능성이 높았다는 것을 의미한다.

2) 기계공업의 생산과 수출입 실적

산업발전의 기반이 되고 기술 수준의 지표가 되는 기계공업을 사례로 생산성 증가 현상에 대해 고찰하기로 한다. 1960년대 한국의 기계공업은 자체개발한 것은 아니었지만 꾸준히 생산실적을 쌓아 갔다(표 6-5). 일반기계의 생산이 1963년과 1964년, 전기기계의 생산이 1964년에 부진하였지만, 수송용기계의 생산이 계속 증가하여 전체적인 생산은 확대되었다. 한편, 수입액은 1960년대 전반의 일반기계, 전기기계, 수송용기계 모든 부문에서 증가하였다(표 6-5).

수입액이 1963년에 급격하게 증가한 후 1964년에 감소한 이유에 대해 한국

표 6-5 생산지수와 기계류 수출입 추이(1960~1964)

(단위: 천 US$, %)

		1960	1961	1962	1963	1964
생산지수	기계	100.0	145.9	199.7	147.3	134.7
	전기기계	100.0	134.9	248.8	325.0	161.6
	수송용기계	100.0	146.8	148.2	275.6	286.4
	계	100.0	142.5	198.9	249.3	260.7
수입	기계	28,412 (70.9)	22,389 (52.8)	34,452 (49.4)	61,942 (53.6)	38,213 (55.0)
	전기기계	10,455 (26.1)	18,723 (44.2)	28,709 (41.1)	22,331 (19.3)	19,682 (28.3)
	수송용기계	1,219 (3.0)	1,281 (3.0)	6,619 (9.5)	31,295 (27.1)	11,624 (16.7)
	계	40,086 (100.0)	42,393 (100.0)	69,780 (100.0)	115,568 (100.0)	69,519 (100.0)
수출	계	88	884	1,446	4,067	2,204

자료: 수출입은 『한국통계연감』, 생산성지수는 한국은행, 『조사월보』(한국생산성본부, 1965: 147~148에서 재인용).

기계의 사례를 통해 설명하고자 한다.[3] 한국기계는 1937년에 설립되어 1965년 현재 종업원 866명, 자본금 7억 원으로 당시 대표적인 기계공업 기업이었다. 즉, 1961년에 기계류의 대부분을 수입하였지만 1962년에는 일부를 국내산으로 대체하고 1963년부터는 국내산의 비중을 늘리고 있었기 때문이었다. 1965년 이후 기계류의 수입액은 외국차관의 급증과 함께 급격히 성장하였고 수입총액에서 차지하는 기계류의 비율도 1965년 15.9%에서 1970년 29.7%로 증가하였다.[4] 반면 수입액에 비하면 그 절대금액은 적었지만 1964년의 수출액이 1960년보다 20배 이상 커진 점에 주목할 필요가 있다. 이와 같이 생산지수와 수출입액에서 성장하고 있던 1960년대의 한국기계공업은 생산액 기준 전체 산업의 비중이 약 8%(1963년)로 당시 공업화가 한국보다 앞섰던 대만과 비슷한 수준이었다.[5]

3. 기계공업의 생산관리와 노동생산성

1) 생산관리: 『기계공업기술실태조사』 분석

경제기획원은 기계공업 육성을 위해 1960년대 한국기계공업의 설비효율화와 품질개선에 대한 조사를 관련 기관에 의뢰하였다. 1965년 8월 31일 현재를 기준으로 그해 9월 15일부터 11월 3일까지 50일간의 실태조사 결과에 근거

3 한국산업기술본부(1965b: 351); 한국생산성본부(1965: 148).
4 朴根好(2015: 80).
5 朴根好(2015: 33).

하여 고찰하고자 한다.[6] 조사 대상은 한국표준산업분류에 기초하여 기계제조업, 전기기계기구제조업, 수송용기계기구제조업(다만 필요에 따라 제재 목제품, 고무제품, 제1차금속, 금속제품 제조업 포함)에서 직원 수 200명 이상(A급) 22곳, 100~199명(B급) 28곳, 100명 미만(C급) 95곳, 합계 145곳을 선정하였다. 이 조사에서 기술자는 이공계 대학 졸업자와 정부기관이 공인하는 동등 이상의 자격을 가진 자가 현재 해당 기술의 전문 분야 또는 전공과목과 관련 있는 분야에 종사하는 자를 말한다. 기술공은 이공계 초급대학이나 이공계 대학 2년 이상의 수학자 또는 이공계 고등학교 졸업자 3년 이상 해당 기술의 전문 분야에 종사하는 자로 정부기관이 공인하는 동등 이상의 자격을 가지고 현재 해당 기술 분야에 종사하는 자를 말한다. 기능공은 기술자나 기술공 이외의 6개월 이상의 훈련이 필요한 기술직종에 종사하고 있는 모든 기술직 종사자, 즉 숙련공, 반숙련공, 견습공 등을 말한다.[7] 즉, 제5장의 취업기술계인적자원조사(1963)의 분류규정과 동일하다.

(1) 설비효율화

1960년대 한국의 기계공업에 이미 투자된 설비의 효율화를 통한 기술혁신은 과연 어떻게 실현되었을까? 『기계공업기술실태조사』의 종합보고서에는 1965년 현재 생산시설과 각 요소와의 상관관계를 밝히기 위해 업종, 지역, 규모에 관계없이 전체 조사 대상의 10%에 해당하는 15곳의 사업소를 표본으로 선정하여 분석한 결과가 실려 있다(표 6-6). 표본 선정된 15개 기업의 생산설비와 각 생산요소와의 상관관계가 제시하는 내용은 다음과 같다.

6 한국산업기술본부(1965a: 3~4).
7 한국산업기술본부(1965a: 85).

표 6-6 기계공업 생산설비의 평균 사용연수와 각 생산요소의 상관관계(1965)

기업	설비 평균 사용 연수	가동률(%)	기술직 평균 연령	학력계수	품질계수	기술직 인원 수
1	4.4	90	33	2.1	3.0	38
2	5.0	20	32	1.3	3.0	10
3	5.0	60	29	1.9	2.1	40
4	5.6	60	33	1.6	3.0	42
5	5.7	100	31	1.3	3.0	19
6	5.7	50	27	1.7	3.0	446
7	6.2	50	37	1.6	3.3	148
8	6.4	70	33	1.6	4.0	150
9	6.5	80	30	1.8	3.0	32
10	6.5	70	31	1.1	2.0	7
11	8.0	50	34	3.1	2.0	8
12	8.9	50	27	1.2	1.0	16
13	10.8	60	29	1.3	2.0	13
14	13.5	70	35	1.9	2.0	8
15	20.0	50	35	1.1	3.0	30

주: 1) 학력계수는 대졸 5, 초대졸 4, 고졸 3, 중졸 2, 기타 1.
2) 품질계수는 KS 또는 국제수준 4, KS 또는 국제수준과 근사품 3, 보통 2, 수준 이하 1.
자료: 한국산업기술본부(1965a: 15).

첫째, 설비와 가동률의 상관관계 결과는 신규 설비가 가동률을 높인 것이라고 말하고 있지 않다. 그 이유는 도입된 신규 설비가 기존 설비와 조화를 이루어 상승효과를 유발하지 않았기 때문이었다.

둘째, 설비와 종업원의 평균 연령과의 상관관계는 신규 설비가 신규의 기술자, 기술공, 기능공을 필요로 하였는지에 대해 판단할 수 있는 내용인데 그 결과는 반드시 그렇지는 않았다. 그 이유는 신규 설비를 도입해도 반드시 젊은 연령층의 기술자, 기술공, 기능공을 그 신규 시설 부문에 배치하지 않았기 때문이다.

셋째, 설비와 종업원의 평균 학력과의 상관관계는 신규 설비가 고학력의 기술자, 기술공, 기능공을 필요로 하였는가에 대해 알 수 있는 내용인데, 양자의 상관관계는 높았다. 그 이유는 신규 설비가 도입되면 그 신규 설비 부문에 나이와 상관없이 고학력의 기술자와 기술공이 배치되었기 때문이다.

넷째, 설비와 제품 품질의 상관관계는 기존 설비와의 조화를 이루지 못하는 한 제품 품질개선에 절대적인 영향을 미칠 수 없음을 보이고 있다.

이상의 조사 결과로부터 1960년대 중반 한국기계공업 부문에서 신규 설비 도입이 곧바로 노동생산성 증가로 이어진 것은 아니었다는 점을 확인할 수 있다.

(2) 품질개선

1960년대 중반 한국의 기계공업 제품의 품질은 어떤 수준이었을까? 기계공업 제품의 품질 수준을 KS(Korea Industrial Standard, 한국산업표준) 또는 국제 수준과 같거나 그 이상의 수준(A급), KS 또는 국제 수준에 근사한 수준(B급), KS 또는 국제 수준에 못 미치는 수준(C급), 수준 미달(D급)이라는 기준에 의거하여 살펴보기로 한다.[8] 한국산업표준(KS)제도는 도입된 1962년부터 300제품에 적용되기 시작하였고, 1965년에 1,081제품, 1970년에 1,846제품, 1980년에 7,029제품에 적용되었다.[9]

제1차금속 제조업은 주로 KS 또는 국제 수준에 가까운 B급 품질의 상품을

8 한국산업기술본부(1965a: 87).
9 정병기·김찬우(2013: 159).

표 6-7 기계공업제품의 품질 수준(1965)

	KS/국제 수준 (A급)	KS/국제 수준 근사품(B급)	보통/B급 미만 (C급)	국내 수준 미만 (D급)	계
제1차금속	0	14	3	0	17
	0.0	82.4	17.6	0.0	100.0
금속제품	14	19	15	2	50
	28.0	38.0	30.0	4.0	100.0
기계	32	130	109	9	280
	11.4	46.4	38.9	3.2	100.0
전기기계기기	21	40	12	4	77
	27.3	51.9	15.6	5.2	100.0
수송용기계기구	33	31	20	5	89
	37.1	34.8	22.5	5.6	100.0
계	100	234	159	20	513
	19.5	45.6	31.0	3.9	100.0

자료: 한국산업기술본부(1965a: 175).

주로 생산하였다. 반면에 금속제품 제조업은 KS 또는 국제 수준의 A급 품질, B급 품질, 국제 수준에 못 미치는 C급 품질의 상품을 거의 비슷한 비율로 생산하였다(표 6-7).

전기기계기구 제조업의 절반에 가까운 제품이 B급 품질이며, 수송용기계기구 제조업의 대부분 제품은 A급과 B급 품질이었다. 전체 품목의 절반 이상을 차지하는 일반기계 제조업은 B급 품질이 절반에 가까웠고 C급 품질이 40%에 가까운 반면, A급 품질은 10%를 약간 넘는 비율로 제품을 생산하였다.

1960년대 중반 한국의 기계공업 제품 중에 국제 수준에 기초하여 설정한 한국산업표준(KS)에 합격할 수 있는 제품이 20% 가까이 있었는데, 그 이외의 80%의 제품은 품질 수준을 시급히 상승시킬 필요가 있었다.

표 6-8 기계공업제품의 결함과 원인(1965)

		비교 건수	지적 건수	비교 건수당 지적건수	원부자재료			공정/관리				시설/환경					기술인력		
					규격 미달	규격 불균등	기타	공정	품질 관리	공작 열처리	기타	기계 성능	설비 장치	시설 관리	환경	기타	구조	수준	훈련
원인	제1차금속	6	19	3.2	3	2		6	2	1	1	1				1		2	
	일반금속	17	72	4.2	7	4		7	9	10		5				13	10	6	1
	기계	102	437	4.3	67	18	12	31	50	52	23	51	8	6	19	44	40	12	4
	전기기계	18	69	3.8	10	6		2	9	6	3	3	2	2	3	8	7	5	3
	수송용기계	37	138	3.7	25	3	4	8	20	14	2	12	3	9	5	12	16	3	2
	기타	15	52	3.5	5	3	1	7	10	8	2	3	1	3		3	3	3	
	계	195	787	3.8	117	36	17	61	100	91	31	75	14	20	27	81	76	31	10

자료: 한국산업기술본부(1965a: 176~178).

각 기업은 품질 수준을 개선하기 위하여 제품의 결함을 찾아내고 그 원인을 밝혀내어 생산성 향상을 실현하고자 하였다(표 6-8).

제1차금속 제품은 내구성, 정밀도, 도장에서 결함이 있었는데, 그것은 주로 공정관리 문제 때문이었다. 일반금속 제품은 주로 성능, 내구성, 정밀도에 결함이 있었는데, 그것은 부품에서는 비교적 문제가 적었으나 공정관리, 시설 및 환경, '기술인력구조' 즉 노동력 구성에 문제가 있었기 때문이다. 여기에서 노동력 구성 문제란 이상적인 기술자, 기술공, 기능공의 비율인 1:5:25에 비해 1965년 한국기계공업의 그 비율이 1:1.22:40.96이었다는 점을 말하는 것이다.[10] 전기기계 제품도 주로 성능, 내구성, 정밀도에 결함이 있었는데, 그것은 부품 규격, 품질관리시설 및 환경, 인력 구성에 문제가 있었기 때문이다. 수송용기

10 한국산업기술본부(1965a: 32).

계장치 제품은 주로 내구성, 정밀도에 결함이 있었는데, 그것은 부품의 규격 차이와 품질관리 및 공작열처리 불량이 주된 원인이었다. 비교 건수가 전체의 절반 이상을 차지하는 일반기계 제품은 주로 내구성과 정밀도에 결함이 있었는데, 그것은 부품규격의 차이가 최대의 원인인 품질관리, 공작열처리, 기계 성능에 문제가 있었기 때문이었다.

이상에서 살펴본 바와 같이 1960년대 중반 한국기계공업 품질개선의 초점은 설비기계 그 자체의 성능 향상에 있었던 것이 아니라, 부품규격의 차이, 공정관리, 품질관리, 공작열처리에 있었던 것이다.

1960년대 한국기계공업에서 품질개선을 위한 기술훈련은 어떻게 실현되고 있었을까? 결함을 검출하여 원인을 모색하는 과정에서 드러난 제품의 품질을 개선하기 위해 각 기업은 기업 내에서 직접 기술훈련을 실시하거나 외부에 위탁하여 기술훈련을 실시하였다(표 6-9).

기계공업의 최대 기술직 직원을 보유한 일반기계 제조업의 기업은 기계조작 및 운전, 품질관리, 열처리 및 야금 분야에서 기술훈련을 하였는데 주로 기술학과를 통해서 기술훈련을 하였다. 그렇지만 일반기계 제조업의 기업이 평균과 비교하면 꽤 낮은 수준에서 기술훈련을 실시한 것은 부정할 수 없다. 이에 비해 전기기계기구 제조업의 기업은 품질관리 부문에 기술훈련을 집중시켰고, 공정관리에도 비중을 두어 기술훈련을 시켰다. 수송용기계기구 제조업의 기업은 공정관리 부문과 기계조작 및 운전 분야에서 기술훈련을 실시하고 기술학교를 통해서도 거의 균등하게 기술훈련을 시키고 있었다.

여기에서 주목해야 할 것은 표 6-7에서 확인한 것처럼 A급(KS 또는 국제 수준과 비슷한 수준 혹은 그 이상 품질 수준)의 제품 비중이 다른 업종에 비해 높았던 전기기계기구 제조업과 수송용기계기구 제조업에서 다른 업종과 비교하여 보다

표 6-9 기계공업종목별 기술훈련 인원 수(1965)

	품질 관리	공정 관리	기계조작/운전	용접/단금/배관	주물/용해	열처리/야금	작업 관리	기술 학과	안전 관리	생산 관리	계	기술직 종업원 수
제1차금속	41	–	–	–	29	10	14	–	3	1	98	498
	41.8	–	–	–	29.6	10.2	14.3	–	3.1	1.0	100.0	0.2
금속제품	–	–	60	–	–	1	–	–	–	–	61	733
	–	–	98.4	–	–	1.6	–	–	–	–	100.0	0.1
기계	160	54	253	8	9	136	1	301	–	3	925	5,229
	17.3	5.8	27.4	0.9	1.0	14.7	0.1	32.5	–	0.3	100.0	0.2
전기기계기기	1,378	235	20	44	–	–	–	165	–	–	1,842	2,443
	74.8	12.8	1.1	2.4	–	–	–	9.0	–	–	100.0	0.8
수송용기계기구	70	1,634	1,663	73	20	116	746	1,429	40	33	5,824	4,682
	1.2	28.1	28.6	1.3	0.3	2.0	12.8	24.5	0.7	0.6	100.0	1.2
계	1,649	1,923	1,996	125	58	263	761	1,895	43	37	8,750	13,585
	18.8	22.0	22.8	1.4	0.7	3.0	8.7	21.7	0.5	0.4	100.0	0.6

주: 기술직 종업원 수의 수치는 기술직 종업원 1인당 기술훈련 횟수.
자료: 한국산업기술본부(1965a: 92, 181).

기술훈련에 심혈을 기울였다는 점이다. 여기에서 1960년대 중반에 최대의 기술직 직원을 보유하면서도 다른 업종과 비교하여 기술훈련의 비중이 낮은 일반기계 제조업은 생산관리에 의한 기술혁신을 그다지 진행시키지 못하였다.

2) 노동생산성

(1) 한일 비교

1960년대 후반 한국의 각 업종 제품의 노동생산성은 일본과 비교하면 낮은 수준이었다. 그러나 노동생산성이 전반적으로 꾸준히 상승하였다(표 6-10).

표 6-10 노동생산성의 한일 비교(1966/1969)

(단위: 시간)

제품	제품단위	한국		일본		일본/한국	
		1966	1969	1966	1969	1966	1969
선반	M/T	2,302.00	874.70	536.57	441.65	0.23	0.50
쇄목펄프	M/T	30.23	13.90	7.12	5.46	0.24	0.39
형강	M/T	60.62	29.99	4.63	3.43	0.08	0.11
가성소다	M/T	34.60	29.64	11.46	9.95	0.33	0.34
면사	곤(梱)	71.36	57.46	25.49	20.38	0.36	0.35
봉강	M/T	9.57	7.19	4.38	3.01	0.46	0.42
시멘트	M/T	2.33	1.94	0.86	0.60	0.37	0.31
주철	M/T	106.74	111.07	52.31	42.03	0.49	0.38
타이어튜브	M/T	404.76	423.35	139.41	97.83	0.34	0.23
가단주철	M/T	243.34	299.48	93.58	67.48	0.38	0.23
방모사	kg	0.65	0.79	0.35	0.27	0.54	0.34
주강	M/T	120.34	108.91	104.73	69.42	0.87	0.64
백상지	M/T	30.22	47.66	16.27	14.50	0.54	0.30

자료: 한국생산성본부(1971: 18).

면사·봉강·시멘트·주강 제품의 1969년 노동생산성은 1966년보다 상승하였지만 일본의 상승률을 넘어서지는 못하였다. 타이어튜브, 가단주철, 방모사, 백상지의 노동생산성은 일본의 노동생산성과 비교해서뿐만이 아니라 절대적인 노동생산성도 하락하였다. 그러나 선반, 쇄목펄프, 형강, 가성소다의 노동생산성은 절대적인 노동생산성이 상승하였을 뿐만 아니라 일본의 같은 제품의 노동생산성 상승률을 웃돌았다. 특히 선반에서 그 현상이 두드러졌다.

선반은 기계공업에서 가장 널리 쓰이는 기계로 기계공업의 중심인 공작기계의 대표적인 제품이다. 선반의 제작공정은 직접공정인 기계가공열처리, 조립부품 및 제품검사, 도장과 간접공정인 치공구, 수리보전으로 구성된다.

표 6-11 선반 1대당 공정별 생산요소 노동시간의 한일 비교(1967~1970)

(단위: 시간)

공정	소요노동시간							비율			
	한국					일본		한국		일본	
	1967	1968	1969	1970	기여도(%)	1968	1969	1968	1969	1968	1969
기계가공	822.0	813.8	495.5	439.2	36.9	226.1	213.4	47.0	56.6	48.4	48.3
열처리	83.8	50.9	25.0	24.4	5.7	6.2	6.2	2.9	2.9	1.3	1.4
조립	698.0	608.7	196.7	247.1	43.4	156.7	143.7	35.1	22.5	33.5	32.5
부품/제품검사	101.9	68.9	20.8	20.9	7.8	12.7	13.0	4.0	2.4	2.7	2.9
도장	99.8	100.1	56.4	54.3	4.4	25.0	21.4	5.8	6.5	5.3	4.8
직접공정 계	1,805.5	1,642.5	794.5	785.9		426.7	402.7				
치공구	59.9	49.7	37.3	29.4	2.9						
수리보선	39.9	41.0	42.9	31.8	0.8						
전력/용수	0.0	0.0	0.0	20.0	-1.0						
간접공정 계	99.8	90.7	80.2	81.1		40.6	39.0	5.2	9.2	8.7	8.8
합계	1,905.3	1,733.1	874.7	867.0	100.0	467.3	441.7	100.0	100.0	100.0	100.0

자료: 한국생산성본부(1970: 61); 한국생산성본부(1971: 80~81).

일본의 선반제작 필요노동시간은 1968년에 한국의 27%에 머물러 한국과의 격차가 컸다(표 6-11). 한편, 한국의 1970년에 선반제작 필요노동시간은 1967년과 비교하면 절반 이하로 감소하였다. 조립공정이 그 감소에 가장 크게 기여하였고, 두 번째로 기여한 부문이 기계가공 공정이었다. 일본과 한국의 공정별 소요노동시간의 비율은 1968년에 거의 비슷하였고, 1969년에는 일본이 이전 시기와 비슷한 수준을 유지하였지만 한국은 조립공정의 비율이 줄어들었다.

이상의 고찰에서 1960년대 후반의 한국의 선반제작 필요노동시간은 일본과 비교하여 절대적인 수준에서는 두 배이었지만, 기계가공 및 조립공정에서의 기술혁신을 통해 그 격차를 크게 줄일 수 있었다.

(2) 향상 요인

마지막으로 1970년도 노동생산성 측정조사에서 파악된 전 산업의 노동생산성 변동 요인의 종합분석 결과를 통하여 선반의 제작소요시간 변화의 의미를 살펴보기로 한다(표 6-12).[11] 합계의 100.0이란, 산업별로 노동생산성이 향상된 기업만의 합계를 말한다. 모든 업종에서 노동생산성 향상을 초래한 최대 요인은 공정배치 등의 생산관리의 개선과 조업도 향상이었다. 세 번째 요인이 신기계 도입 및 시설개선이었으나, 같은 수준의 종업원 숙련도 향상, 그 다음의 요인은 작업환경 및 노동조건 개선, 신생산기법 도입, 임금제도 개선이었다.

이런 경향은 일반기계 제조업에서도 유사하였지만, 종업원의 숙련도 향상이라는 요인이 전 업종의 평균 수준을 넘어선 점이 주목된다. 또한 전 업종

표 6-12 업종별·부문별 노동생산성 향상의 요인(1969~1970)

(단위: %)

요인	합계	섬유	제지/목제품	화학	토석/유리	제1차 금속	기계	전기	수송용 기계
조업도 향상	16.6	14.5	16.7	27.8	20.0	14.1	5.3	23.5	11.1
신기계 도입/시설개선	16.3	15.8	16.7	0.0	20.0	11.5	15.8	17.6	33.3
신생산기법 도입	11.3	10.5	6.7	0.0	24.0	10.3	10.5	5.9	22.2
생산관리 개선(공정배치 등)	20.5	21.1	20.0	22.2	20.0	14.1	21.1	23.5	22.2
종업원 숙련도 향상	15.5	21.1	13.3	16.7	8.0	26.9	21.1	5.9	11.1
임금제도 개선	7.3	6.5	10.0	16.7	0.0	9.0	10.5	5.9	0.0
작업환경/노동조건 개선	11.6	10.5	16.7	16.7	8.0	12.8	10.5	17.6	0.0
기타(수요 증가)	0.8	0.0	0.0	0.0	0.0	1.3	5.3	0.0	0.0
합계	100.0	100.0	100.0	100.0	100.0	100.0	100.0	100.0	100.0

자료: 한국생산성본부(1971: 13~14).

11 한국생산성본부(1971: 13~14).

및 일반기계 제조업에서 신기계 도입 및 시설개선과 신생산기법 도입 요인의 합계가 약 1/4에 그치는 수준이었다.

이상에서 살펴본 바와 같이 1960년대 후반 한국기계공업을 포함한 제조업에서의 노동생산성 향상은 주로 생산관리, 작업환경, 노동조건, 임금제도 개선, 그리고 조업도의 향상에 의해 실현되었던 것이다.

종장

한국경제 재건기 노동자의 기여와 보상

본서는 한국 경제발전의 역사적 전제조건인 해방 후 재건기 인재형성과 기술혁신을 분석하고, 노동자 기여와 보상에 대해 갖는 의미를 고찰하여 다음과 같은 결론을 얻었다.

첫째, 해방 직후에 신속한 교육제도 재편과 인재양성정책의 체계적인 시행, 그리고 원조 과정에서 기술도입 경로가 바뀌었고 기술축적도 이루어졌다.

해방 직후의 한국경제는 이제까지 알려져 온 바와 같이 혼돈을 거듭하였다. 그러나 1950년대 후반의 부흥과 1960년대 이후 급속한 발전에 무엇보다도 중요한 기반인 기술인재가 해방 직후부터 시행착오를 거치면서도 비교적 체계적으로 형성되었다는 점이 확인되었다. 특히, 극심하게 부족하였던 기술자를 공급하기 위한 인재양성정책은 군정청의 지시에 의해 시작되었지만 일제시대에 기술과 행정 능력을 축적한 한국인에 의해 주도되었다는 점이 주목할 만하다.

이 정책이 ① 고급기술자 양성을 위해 해외파견을 준비한 점, ② 만주, 일본, 국내 등의 다양한 지역에서 다양한 방법으로 습득한 기술을 일관된 기준으로 검증하여 안정적인 공급을 확보하려 검정시험을 시행한 점, ③ 국책연구소와 각 대학 및 공장을 연계하여 안정적인 숙련공 공급을 확보하려 단기양성을 시행한 점에서 체계적이었다고 평가할 수 있다.

1950년대에는 원조를 통한 기술도입 과정에서도 기술인재의 형성과 기술축적을 실현할 수 있었다. 종래에 알려진 것처럼 원조의 원자재 부문 중 많은 부분이 소비재였지만, 원료 및 반제품이 1950년대 중반까지 그 양이 증가하여 공업 재건에 중요한 역할을 담당하였다. 또한 광공업을 중심으로 한 시설재 부문의 비중이 1950년대 중반부터 증가하며 기술이 도입된 점도 간과해서는 안 될 사실이다. 원조도입 과정에서 기술도입이 실현되고 그 경로가 일제 시대의 일본에서 미국으로 전환되었다.

그 구체적인 상황은 1960년대 화학산업의 견인차 역할을 하였던 충주화학비료공장의 건설과 가동 과정 그리고 동양시멘트공장 설비의 증설과 보수 과정에서 명확히 드러나고 있다. 해외파견, 검정시험, 단기양성, 학교교육, 해외로부터 도입 등을 통해 축적된 기술의 성과는 1950년대 중반부터 급격히 늘어나는 발명 및 실용 특허 등록건수에서도 확인할 수 있다.

둘째, 해방 후 기술인재의 배출이 급증하여 1960년대 전반에 해방 전 기술인재를 교체할 수 있었다.

교육제도는 군정청이 한국인 교육계 인사의 자문을 구하면서 재편되었다. 교육제도의 재편 결과 1950년대 중반 이후 이공계 졸업생이 급격히 늘어났고, 그들이 해방 후 기술인재가 주역이 되어 1960년대의 본격적인 산업화를 대비할 수 있었다.

해방 전 한국인 기술자는 일본인 기술자에 비해 꾸준하지는 않았지만 전반적으로 증가하였다. 그러나 일제 시대 한국인 기술자 비율은 1908년 전체 기술자의 32.5%였으나 1938년에는 13.2%에 불과하였다.

1962년에 중등학교 졸업생이 1946년에 비해 5.3배 증가하였고, 1962년에 이공계 대학/대학원 졸업생이 1941년에 비해 13.7배 증가하였다. 해방 직후 교육제도의 재편정책이 성과를 거둔 것이다. 교육제도 재편은 농수산 부문보다 이공계 부문의 기술인재 증가에 영향을 미쳤다.

해방 후 이공계 학교를 졸업하여 새롭게 배출된 고급 기술인재는 1960년대 전반에 공공 부문에 집중적으로 배치되었다. 1963년에 전문대/대학 졸업한 경력자인 기술자의 56.2%와 전문대/대학 졸업한 연수자인 기술공의 51.4%가 공공 부문에 배치되었다. 대기업체와 중소기업체에는 숙련공이 집중적으로 배치되었다. 1963년에 전체 숙련공의 40.0%가 대기업체에, 49.9%가 중소기업체에 배치되었다.

공공 부문과 대기업체 부문 기술자의 약 80%는 해방 후에 고용되었고, 중소기업체 부문은 약 50%만이 해방 후에 고용되었다. 공공 부문 기술공 65%, 대기업체 부문 기술공 70%, 중소기업체 부문 기술공 50%가 해방 후에 고용되었다. 공공 부문, 대기업체 부문, 중소기업체 부문의 숙련공 약 90%가 해방 후에 고용되었다. 이러한 경향은 연령대별 구성과 비슷하다.

해방 후 고용된 화학, 전기, 기계 직종에 종사하는 기술자의 비율이 해방 후 고용된 기술공의 비율보다 높았다. 또한 약 90%의 화학 및 섬유기술공이 1947년 이후에 고용되었다. 70%의 전기 기술공이 1947년 이후에 고용되었지만, 40%의 기계 기술공은 1948년 이전에 고용되었다. 기계 기술공의 해방 전 비중이 비교적 높은 이유는 제2차 세계대전기에 증가된 기계 전공 졸업자들이 있었기 때문이다. 그렇지만 1947년 이후 고용된 74.2%의 기계 기술자가 현장을 장악하고 있었다.

셋째, 해방 후 미약한 연구개발 조건에서도 기술혁신을 추진하여 1960년대 후반에 노동생산성 증가라는 성과를 거둘 수 있었다.

한국의 자체 기술개발은 1970년대 이후에 시작되었다. 본격적인 연구개발 투자가 이루어지기 이전 시기인 1960년대 한국의 연구개발은 정부주도로 이루어졌다.

국민소득이 선진국에 비해 상당히 낮은 수준이었기에 국민소득에 대한 연구개발투자 비율이 선진국에 비해 낮았다. 연구개발은 농림산업, 금속기계/화학섬유산업 국공립 연구기관의 농학, 공학 분야 전문연구원을 중심으로 이루어졌다. 다만 연구개발투자의 절대액수가 적었기 때문에 시설비나 사업비투자액이 적었고 연구비, 인건비와 비슷한 수준이었다.

1960년대 전반 한국 기계공업은 소액이었지만 수출을 증가시켜 일반기계 부문에서 일부 수입 대체에 성공하였다. 1960년대 중반 한국 기계공업의 제품 품질은 국제 수준에 비해 높지 않았다. 그럼에도 불구하고 제품의 품질은 신규 설비도입에 따른 노동생산성 향상과 공정관리, 품질관리, 공작열처리 같은 생산관리를 통해 개선되어 갔다.

각 기업은 생산관리 과정에서 검출된 결함과 그 원인을 찾아 기업 내에서 상시 또는 임시로 그리고 외부에 위탁하여 기술훈련을 시켰다. 이러한 기술훈련이 다른 업종에 비해 제품의 품질이 높은 전기기계기구 및 수송용기계기구 부문에서 많이 이루어졌다. 즉, 다른 업종에 비해 많은 기술직 직원을 대상으로 기술훈련을 시킨 만큼 품질향상으로 이어졌다고 평가할 수 있다.

대표적인 공작기계인 선반 제작 노동생산성의 경우, 한국이 일본에 비해 낮은 수준이었지만 증가율은 일본을 추월하였다. 선반의 노동생산성 향상은 주로 조립이나 가공공정에서 실현되었다. 기계 부문 전체의 노동생산성은 신규 설비도입과 더불어 생산관리, 작업환경, 노동조건, 임금제도 개선과 조업도 상승에 의해 실현되었다.

1960년대 한국의 기술혁신은 선진국에 비하면 낮은 수준이었지만 1950년대에 공급된 기술인재를 바탕으로 적극적인 연구개발투자와 설비투자, 품질개선과 생산관리의 개선을 통해 실현되었다. 그 결과 1970년대의 본격적인 기술혁신의 실현이 가능하였던 것이다.

넷째, 한국의 노동자는 해방 후 경제발전에 기여하였으며, 경제재건기에 그 역할이 두드러졌다.

1960년대부터 2000년까지 노동력의 공급원인 15세 이상 인구는 절대 수로는 증가하였지만 그 증가율은 감소해 갔다. 경제활동참가율은 전체적으로 증가 추세였고 실업률은 전체적으로 감소 추세였다. 경제위기가 경제활동참가율과 실업률에 미친 영향은 제2차 석유파동 시기보다 외환위기 시기에 더 컸다. 정규직 노동자에 해당하는 상용노동자와 비정규직 노동자에 해당하는 임시노동자의 합계인 상시노동자는 15세 이상의 인구와 같이 절대 수는 증가하였지만 그 증가율은 감소해 갔다.

외환위기 시기의 상용노동자는 감소하고 임시노동자는 급증하였다. 일용근로자의 경우 1960년대부터 2000년까지의 전체 시기에 걸쳐 큰 변화가 없는 안정적인 경향을 보였다. 반면 과잉 노동력으로 간주되는 무급가족 노동자는 전환점인 1970년대 중반부터 감소하였지만 외환위기 시기에는 증가하는 등 최근까지 과잉 노동력을 흡수하는 역할을 해 왔다.

노동시간 투입 동향은 각 산업별로 격차가 있었으나 전 기간에 걸쳐 격차가 줄어들며 감소해 갔다. 그런데 노동 투입시간에서 큰 변화는 제2차 석유파동이나 외환위기의 시기가 아니라 1970년대 중반과 1987년에 이루어졌다.

농림업, 제조업, 건설업의 취업자 동향에서도 경제파동의 충격은 15세 이상 인구 및 경제활동참가율 동향과 마찬가지로 제2차 석유파동 때보다 외환위기 시기에 크게 나타났다. 농림업은 두 시기에 노동력 흡수 역할을 완수하고 있었지만 그 기여도는 석유파동 시기보다 외환위기 시기에 낮아졌다. 직업별 취업자의 경우는 외환위기 정도는 아니었지만 제2차 석유파동 때보다 제1차 석유파동 시기에서 그 감소가 두드러졌다.

상용근로자의 실질임금은 1인당 월평균액이 2003년에 1970년의 10배로 증가하는 등 가파르게 상승하였고, 각 산업의 임금은 평균 수준으로 수렴하였다. 학력별 임금격차는 1970년대 중반의 전환점을 거치면서 계속 줄어들어 1987년 이후에는 축소 속도가 빨라졌다. 그러나 1990년대 중반부터 격차가 유지된 뒤 1997년을 고비로 고졸 이외는 확대되는 추세였다. 규모별 임금격차는 1980년 이후 전체적으로 확대되는 가운데 1987~1989년에 급격히 확대되었다.

다섯째, 한국의 노동자는 경제재건기의 기여에 대해 정당한 보상을 받지 못하였다.

한국 섬유산업은 생산액, 수출액, 고용량을 기준으로 할 때 해방 후부터 1960년대까지를 재건과 발흥, 1970년대부터 1980년대 중반까지를 성장과 노동력 결핍, 그 이후를 쇠퇴와 조정의 시기라고 할 수 있다. 재건과 발흥 시기의 한국 섬유산업은 해방 직후 중단되었던 공장 운영을 재개하거나 공장 신설을 통해 중소규모 사업체가 다수 출현하고 재편되는 과정을 거쳤다. 이 시기의 노동시장은 초기에는 안정되지 않았지만 연중 입사와 퇴사 시기가 정착되는 형태로 1960년대 중반 이후 안정되어 갔다.

성장기에는 먼저 설비운전율을 증가시켜 1960년대 후반 이후 고갈되기 시작한 노동력 공급을 보충하였다. 1970년대 중반 이후는 둔화된 설비운전율 증가속도를 보충하기 위해 노동시간을 확대하였다. 섬유산업의 노동시간은 1980년대 중반까지 확대되었다. 이러한 확대를 뒷받침하기 위해 기숙사 시설을 확장하고 수용 인원을 증가시켰다.

성장기를 거쳐 한국 섬유산업은 1980년대 중반 이후 정체되어 산업구조조정이 필요하게 되었다. 구조조정은 이미 그 이전부터 단계적으로 시행되고 있었는데, 개별적으로 시행되었던 구조조정정책이 제도화되고 종합화되었다. 여기에서 주목할 점은 구조조정정책이 기업의 행동을 유도하기 위해 세금감면 등의 혜택을 제공하기도 하였지만, 고용승계의 의무화 등의 규제조치도 동반하였다는 점이다.

이상과 같이 한국경제는 해방, 전쟁, 재건을 거치며 기술인재의 형성과 기술혁신의 압축적인 전개로 발전의 기반을 마련하였다. 그러나 그 과정에서 기여한 노동자에 대한 공정한 보상은 당시에 이루어지지 않았다. 1987년 이후의 실질임금상승률이 노동생산성 증가율보다 높다는 기존의 주장은, 한국경제 재건기의 기술혁신을 가능하게 하여 한국 경제발전의 기반을 형성하였던 노동의 기여에 대해 장기적인 관점에서 인식하지 못한 근시안적 주장인 것이다.

참고문헌

朝鮮工業協會(1939), 『朝鮮技術家名簿』.

조선총독부(1943년판), 『조선노동기술통계조사결과보고』.

군정청상무부(1946년도판), 『기술교육지도위원회연보』, 조선공업도서출판사.

남조선과도정부노동부통계실(1948년판), 『남조선노동통계조사결과보고』.

남조선과도정부상무부(1946, 1947년도판), 『상공행정연보』.

경제기획원(1961), 『한국기술계인적자원조사보고서』.

______(1962a), 『과학기술백서』.

______(1962b), 『기술협조』.

______(1963), 『취업기술계인적자원조사보고서』.

______(1965), 『연구기관실태조사』.

노동부, 『노동통계연감』, 각 연도.

______, 『매월노동통계조사보고서』.

______, 『직종별임금실태조사보고서』.

______, 『임금구조기본통계조사』.

대한방직협회(1997), 『방협50년사』.

______, 『섬유연보』, 각 연도.

______, 내부 자료.

보건사회부, 『보건사회통계연보』, 1955-1957 합병호.

______(1962년판), 『사업장노동실태조사보고서』.

상공부(1957), 『충주비료공장건설의 경위 및 현황』.

상무부 특허국(1959), 『특허연보』, 합판(1946-1958).

충주비료주식회사(1968), 『충비10년사』.

통계청, 『경제활동인구연보』, 각 연도.

______, 『경제활동인구조사』, 각 연도.

한국교육개발원(1997), 『통계로 본 한국교육의 발자취』.

한국산업기술본부(1965a), 『기계공업기술실태조사: 종합보고서』.

______(1965b), 『기계공업기술실태조사: 사업체별보고서』.

한국산업은행조사부(1955), 『한국산업경제10년사』.
한국생산성본부(1962), 『한국공업의 기술혁신과 노동력구조의 변화: 시멘트공장을 중심으로』.
______(1965), 『우리나라 공업발전에 있어서의 기술기여의 분석』.
______(1970), 『우리나라 산업의 노동생산성 측정』.
______(1971), 『우리나라 산업의 노동생산성 측정』.
한국역사정보통합시스템(http://www.koreanhistory.or.kr).
한국은행(http://ecos.bok.or.kr).
______(1965), 『한국은행통계연보』.
한국직업능력개발원(1998), 『직업교육훈련100년사』.

강상목·이근재(2011), 「한일 간 제조업의 기술효율, 기술격차 비교」, 『한일경상논집』 제53권, pp. 3~34.
김동석(2004), 「한국경제의 구조변화」, 『한국경제구조변화와 고용창출』, KDI, pp. 79~161.
김동석·이진면·김민수(2002), 『한국경제의 성장요인분석: 1963-2000』, KDI.
김병관(1996), 「일제하 조선인기술자의 형성과정과 존재형태」, 충남대학교대학원 경제학과 박사학위논문.
김성조(2002), 「1950년대 기간산업공장의 건설과 자본가의 성장」, 연세대학교대학원 사학과 석사학위논문.
김수곤·이주호(1995), 「노사관계와 인력개발정책」, 차동세·김광석 편, 『한국경제 반세기: 역사적 평가와 21세기 비전』, KDI.
김은정(1999), 「한국섬유산업의 재구조화 I: 대기업을 중심으로」, 『지리학논구』 제19호, pp. 62~72.
김창남(1994), 「기술혁신과 비교우위 구조변화에 관한 한일비교연구」, 『한일경상논집』 제10권, pp. 61~90.
류상윤(2009), 「고도성장기 이전 한국 중소직물업의 전개과정, 1910-1960」, 서울대학교대학원 경제학과 박사학위논문.
박경렬(2000), 「한일 간의 금형산업의 기술력 비교」, 『한일경상논집』 제20권, pp. 141~160.
박기성·안주엽(2004), 「임금과 생산성」, 『노동경제논집』 제27권 제1호, pp. 165~179.
박덕제(2005), 「노동정책과 노사관계」, 『새로운 한국경제발전사』, 나남출판, pp. 463~492.
박문규·안동혁·박경수(1946), 「조선경제건설의 제 문제」, 『조선경제』 1-5, pp. 15~20.
박양춘·김은정(2001), 「한국섬유산업의 재구조화 II」, 『지리학논구』 제21호, pp. 1~21.

박영구(2015), 『한국의 중화학공업화 공업별 연구: 기계공업』, 해남.
박영기(1981), 『노사관계사례연구: 섬유산업부문 I』, KDI.
배무기(1982), 「한국노동경제의 구조변화」, 『경제논집』 제21권 제4호, 서울대경제연구소, pp. 571~621.
서문석(2006), 「해방 직후 섬유업계 고급기술자들의 연구」, 『경영사학』 제21집 제1호, pp. 91~111.
______(2009), 「해방 이후 한국 면방직산업의 수출체제 형성」, 『경영사학』 제24집 제2호, pp. 137~162.
______(2010), 「1950년대 대규모 면방직공장의 기술인력 연구」, 『경영사학』 제25집 제4호, pp. 385~407.
신상준(1997), 『미군정기의 남한행정체제』, 한국복지행정연구소.
신태영(2002), 『연구개발투자와 지식축적량의 국제비교』, 과학기술정책연구원.
안동혁(1946), 「공업기술비상대책의 수립」, 『조선경제』 1-3, pp. 79~81.
______(1948), 「과학기술에 대한 긴급대책」, 『自民』 4-5, pp. 132~134.
윤창호(1985), 『섬유산업의 구조조정에 관한 실증연구』, 한국경제연구원.
이대근(2002), 『해방 후 – 1950년대 경제』, 삼성경제연구소.
이상철(1997), 「한국화학섬유산업의 전개과정, 1961-1979: 산업정책의 일 연구」, 서울대학교대학원 경제학과 박사학위논문.
이희승(1949), 「경제건설과 기술교육」, 『民聲』 5-5, pp. 30~31.
정병기·김찬우(2013), 「산업표준 보유 및 표준화 활동 추이로 본 한국 산업표준 정책의 특징과 변화」, 『한국과 국제정치』 제29권 제3호, pp. 155~188.
차동세·김광석 편(1995), 『한국경제 반세기: 역사적 평가와 21세기 비전』, KDI.
한준상(1987), 「미국의 문화침투와 한국교육: 미군정기 교육적 모순 해체를 위한 연구과제」, 박현채 외, 『해방전후사의 인식』 3, 한길사, pp. 541~607.
홍문신·최장호(1986), 『섬유산업의 구조와 정책』, KIET.
홍성유(1962), 『한국경제와 미국원조』, 박영사.
森田芳夫·長田かな子 편(1980), 『朝鮮終戰の記錄』 資料編第三卷, 巖南堂書店.
山田三郎 편(1971), 『韓國工業化の課題』, アジア經濟研究所.
朴根好(2015), 『韓國經濟發展論–高度成長の見えざる手–』, 御茶ノ水書房.
水野順子(1990), 「韓國工作機械工業の發展要因」, 『アジア經濟』 제31권 제4호, pp. 20~40.
Clark, Gregory(2007), *A Farewell to Alms: A Brief Economic History of the World*, Princeton

and Oxford: Princeton University Press(이은주 옮김, 『맬서스, 산업혁명 그리고 이해할 수 없는 신세계』, 한스미디어, 2009).

Maddison, Angus(2003), *The World Economy: Historical Statistics*, New York: OECD.

Rosenberg, Nathan(1972), *Technology and American Economic Growth*, New York: M. E. Sharpe, INC.

Balasubramaniam, Karthik(2007), "Product Portfolio Management and the Industry Lifecycle," Ph.D. Thesis, University of Pennsylvania.

『동아일보』.

『서울신문』.

『연합신문』.

찾아보기

[ㄴ]

[ㄷ]

[ㅇ]

[ㅊ]

[ㅋ]

[ㅍ]

[ㅎ]